子供が学びを深める授業

新学習指導要領で目指す授業づくりと
発達障害通級指導の実践事例

監修 ▍ 長澤正樹・高木幸子

編著 ▍ 新潟大学教育学部附属特別支援学校特別支援教育研究会

ジアース教育新社

前書き

　私たちは，平成26年度から「子供が学びを深める姿を目指した授業づくり」をテーマに，子供の学びの内実や学びを深めるプロセス，子供を取り巻く環境等について授業研究を通して検討してきました。また，在籍校と連携しながら通級指導の実践研究を積み重ね，その在り方を検討してきました。

　5年間の研究過程を通して，子供が学ぶ価値を感じながら学習に取り組むことの重要性を改めて確認し，「楽しさ」「良さ」「大切さ」という三つの言葉を研究の中心に位置付けてきました。そして，子供が学びを深めることのできる授業を実現するために，単元（題材）の序盤・中盤・終盤における学習活動や支援の内容・方法について子供の姿を基に議論を繰り返し，要件整理を試みてきました。また，通級指導教室の指導についても，子供の気持ちに寄り添い子供の強みを生かす支援方法を子供たちとの対話を通して継続して検討し，その取り組みを在籍校や学級担任との連携に生かそうと試みてきました。

　本書は，こういった私たちの授業研究や実践の成果と課題をまとめたものです。子供はどのように学び，自身の学びを深めているのか，子供の学びを支えるための授業や支援で大切にすべき点は何かなど，現時点での私たちの考え方や取り組みをまとめた実践事例を複数掲載しました。

　「次期学習指導要領等に向けたこれまでの審議のまとめ」（中教審答申）では，2030年の社会やその先の豊かな未来において，子供たちがよりよい人生とよりよい社会を築いていくために，今，何ができるかが問われています。また，変化し続ける社会の中で，学校と社会が共に子供を支え合う環境として機能するためにどのようにすればよいかを考えることが期待されています。

　本テーマでの研究は本書をもって一つの区切りとしますが，これまでの取り組みの成果と課題を引き継ぎながら今後も研究を進めていきます。お読みいただいた方々からの忌憚のないご意見をいただき，「子供の学びを深める」ことについて議論を広げることができれば幸いです。

新潟大学教育学部附属特別支援学校

校長　高木　幸子

目　次

前書き　…………………………………………………………………………　3

巻頭言

「新学習指導要領で目指す授業づくりの視点」
　　東京都教育庁指導部特別支援教育指導課長　丹野　哲也　……………　6

「発達障害通級指導教室の現状と課題」
　　新潟大学教職大学院教授　長澤　正樹　……………………………………　11

第1章　理論編　………………………………………………………………　15

1　子供が学びを深める授業を目指して
　　～学びを深めるプロセスと「学びの価値」を捉えて～　……………………　16
2　子供が学びを深める授業づくり
　　～学びの深まりをつくるための単元・題材と支援～　………………………　20

Column 1　特別支援教育は2.0（にーてん ゼロ）になれるのか　…………　26

第2章　実践編　………………………………………………………………　27

実践編の読み方　………………………………………………………………　28
① 小学部　1・2年　遊び学習
　　「小麦粉で遊ぼう」　…………………………………………………………　30
② 小学部　3・4年　ことば・かず
　　「経験したことを伝えよう」　………………………………………………　34
③ 小学部　5・6年　生活単元学習
　　「一緒に遊ぼう！『ハピネス遊園地』」　……………………………………　38
④ 中学部　1年　生活単元学習
　　「宿泊学習を楽しもう～みんなおいでよ！ すなやま忍者屋敷！～」　…　42
⑤ 中学部　1～3年　作業学習
　　「良い仕上がりを目指せ！ 附属プランター！」　…………………………　46

⑥ 中学部　1～3年　社会生活
　　「おいしいうどんを食べよう！」 ………………………………… 50
⑦ 高等部　1～3年　社会生活
　　「楽しく体を動かそう！」 ……………………………………… 54
⑧ 高等部　1～3年　職業生活（一般就労を目指すグループ）
　　「清掃にかかわる作業に取り組もう」 ………………………… 58
⑨ 高等部　1～3年　総合的な学習の時間
　　「自己の生き方を考えよう－プレ社会人プロジェクトⅠ期－」 ……… 62

Column 2　充実した学校教育のための後進の育成 ……………… 68

第3章　発達障害通級指導教室について ………………… 69

1　当校の発達障害通級指導教室について ……………………… 70
2　二つの教室（Bear Room と Together Room）の特徴 …………… 71
3　連携した支援体制をつくるために ………………………… 73

Column 3
Universal Design for Learning Guideline と新学習指導要領 ……… 74

第4章　発達障害通級指導教室における事例 ………………… 75

1　読み書き，計算等に困難のある子供への取組（Bear Room）………… 76
2　人とのかかわりに困難のある子供への取組（Together Room）……… 86

Column 4　医療機関と繋がる，ということ ……………………… 98

後書き ……………………………………………………… 100

執筆者一覧 …………………………………………………… 101

巻頭言 ①

東京都教育庁指導部特別支援教育指導課長　丹野　哲也
〔前文部科学省初等中等教育局視学官（併）特別支援教育課特別支援教育調査官〕

新学習指導要領で目指す授業づくりの視点

1　単元の中で教科等の見方・考え方を働かせることとは

　今般の特別支援学校学習指導要領（以下，学習指導要領という）の改訂では，その総則において，「単元や題材などの内容や時間のまとまりを見通しながら，児童又は生徒の主体的・対話的で深い学びの実現に向けた授業改善を行うこと」が新たに規定された。学習指導要領の総則に示されている内容は，全ての学校・学級で取り組まなくてはならないことを意味する。ここで求められていることは「授業改善を行うこと」であり，その視点が「主体的・対話的で深い学び」であると捉えることができる。

1　主体的・対話的で深い学びの実現に向けた授業改善

　各教科等の指導に当たっては，次の事項に配慮するものとする。

（1）　第2節の3の（1）から（2）までに示すことが偏りなく実現されるよう，<u>単元や題材など内容や時間のまとまりを見通しながら</u>，児童又は生徒の主体的・対話的で深い学びの実現に向けた授業改善を行うこと。

　特に，各教科等において身に付けた知識及び技能を活用したり，思考力，判断力，表現力等や学びに向かう力，人間性等を発揮させたりして，学習の対象となる物事を捉え思考することにより，<u>各教科等の特質に応じた物事を捉える視点や考え方（以下「見方・考え方」という）が鍛えられていくことに留意し，児童又は生徒が各教科等の特質に応じた見方・考え方を働かせながら，知識を相互に関連付けてより深く理解したり，情報を精査して考えを形成したり，問題を見いだして解決策を考えたり，思いや考えを基に創造したりすることに向かう過程を重視した学習の充実を図ること。</u>」（下線部は筆者による）

　まず，注目すべき箇所として，「単元や題材など内容や時間のまとまりを見通しながら」という箇所である。

　主体的・対話的で深い学びは，必ずしも1単位時間の授業の中で全てが実現されるものではないことである。この単元や題材などについて，答申では，各

教科等において，一定の目標や主題を中心として組織された学習内容の有機的なひとまとまりのことであり，単元の構成は，教育課程編成の一環として行われるとしている。また，単元でなく題材といった呼び方をする場合や，単元の内容のまとまりの大きさに応じて，大単元，小単元といった呼び方を用いる場合等がある。

　児童生徒が学ぶことの意義や意味を理解できるように，意味のある学習のまとまりを工夫し計画をたてていくことが求められている。

　次に，「各教科等の特質に応じた見方・考え方を働かせながら」という箇所についてである。周知のとおり，知的障害のある児童生徒のための各教科等の目標の構造は，小・中学校の各教科等と同じ構造で示されており，全教科等で共通している。

　この「見方・考え方」とは，各教科の特質に応じた物事を捉える視点や考え方であり，<u>教科等の内容について，社会や生活とをつなげる役割を担うキーワード</u>である。

　各教科等に係る見方・考え方は，各教科等の解説において，当該教科等における主要なものとして示してある。見方・考え方を踏まえながら，具体的な学習活動の展開の工夫を図っていくことが重要になる。

【小学部の各教科の例（一部抜粋）】

○ 生活：児童が具体的な場面で実際的な活動を通して，自分と身近な社会や自然との関わりについての関心を深められるようにすること。

○ 国語：言語活動を通して，言葉の特徴や使い方などを身に付け自分の思いや考えを深める学習の充実を図ること。

○ 算数：日常の事象を数理的に捉え，算数の問題を見いだし，問題を自立的，協働的に解決し，学習の過程を振り返り，概念を形成するなどの学習の充実を図ること。

　各教科の特質に応じた見方・考え方を働かせることのできる学習場面を計画的に位置付けながら，得られた知識を関連付けたり，問題を見出して，解決策を考えたりすることのできる学習活動が求められる。

2　知的障害のある児童生徒へのアプローチを考える

　知的障害のある児童生徒は,物事を理解するまでに十分な時間が必要である。

　抽象的な事物についての理解,例えば,長さや時間の概念などについて,理解に至るまでには,個々の児童生徒に合わせた細かい学習の段階が必要であり,児童生徒の生活経験や具体的な場面に即し,学習を継続的に積み重ねていくことが重要となる。一方で,児童生徒が一度身に付けた知識や技能等は,着実に実行されることが多い。

　また,着替えや歯磨きなどの日常生活に必要な事柄についても,成長の過程において,一つのことを身に付けるまでに,何度も失敗を重ねていることがあり,自信や意欲をもって主体的に学習や活動に取り組む力が十分に育っていないことがある。

　そのため,学習場面に即して,その時点で児童生徒がもてる力を最大限に発揮することで成し遂げることのできる指導課題を組織し,達成できたことを細かく評価するための個別の指導計画が極めて重要となる。

　このことを踏まえながら,三つの視点について考えてみたい。

〔主体的な学びの視点〕

　児童生徒は,単元で取り上げる題材に興味・関心をもつ段階でつまずくことも多い。そのため,児童生徒の理解の程度や生活経験等を踏まえながら,興味・関心を喚起できるような導入部での指導計画が何よりも重要である。例えば,単元のゴールを分かりやすく具体的に示すことにより学習の過程について,見通しをもてるようにすることなども必須である。その上で,取り扱う題材など児童生徒の生活経験などから,具体的にイメージできるものであるのかなどについても,児童生徒の興味・関心に関連してくる。

　興味・関心を喚起できた次の段階として,いかに学習内容に「期待」をもてるようにするかということである。学習活動に見通しをもてるようにすることと重なる要素であるが,本時での学習内容を想起しながら,次時の学習内容への期待をもてるようにすることが,主体的な学びの視点で特に重要になると考えられる。「期待をもつ」ことは,時制的には,未来のことを考えることであり,思考の基盤となるともいえる。

〔対話的な学びの視点〕

　知的障害のある児童生徒は，多くの場合，言葉の発達が生活年齢に比べて，遅れている場合が多い。また，発音が明瞭でないため，言いたいことが十分に伝わらなかったり，正確な言葉の意味を理解しないまま言葉を使ってしまったり，対人関係の面でトラブルになることもある。

　多様な対話の在り方を，前提とした指導を工夫していくことが重要である。言葉でのやりとり以外に，書くこと，描くことなど，様々な方法を取り上げ，児童生徒が得意な方法で表現することができるようにしたい。

　児童生徒が絵カードを使いながら自分の気持ちを教師や友達に伝えようとする機会なども，対話の一つであると考え，学習場面を構成できるようにしていきたい。

　また，児童生徒が言葉を表出している場合でも，その意味を正しく理解しているのかなど，学習の文脈で生じるやりとりの中で確かめながら，必要に応じて即時的に繰り返して教えていくことも必要である。

〔深い学びの視点〕

　深い学びとは，学習の過程の中で各教科等に係る見方・考え方を働かせた学びであり，知識を相互に関連付けてより深く理解することである。

　例えば，「お楽しみ会を開こう」という，学級の児童間で共有できる単元計画に即しながら，会の企画から運営や招待する人など，話し合いながら進めていく学習の過程の中で，次のような教科等に係る見方・考え方を働かせいていくことができる。

○「数学的な見方・考え方」を働かせ，算数科で学習したことを生かす学習場面
　・120円の品物を購入するためには，100円玉が2枚必要であることなどの金種の数量的な関係を用いて，お楽しみ会に必要な材料を買い物学習の中で用意すること
　・お楽しみ会の会場づくりのために，教室内の教卓を移動する場所をどこにするのか，机の幅と移動先スペースを比較することなど
○「言葉による見方・考え方」を働かせ，国語科で学習した，言葉遣いなどに気を付けながら，お楽しみ会の招待状などを作成することなど，多様な学習場面を計画していくことができる。

一方で，実際の学習場面では，これらの視点が，相互に関連しながら，一体となって学習が展開されていくことになる。その際に，単元を通して教科等に係る育成を目指す資質・能力を明らかにし，児童の成長や変容を見定めて，年間の指導計画などの見直しや充実を図っていくことのできる動的な取り組みを大切にしていきたい。

3　新たな視点で「授業研究」の活性化

　学習を深めるためには，学習活動を成立させるための基礎的な知識・技能も重要であり，それらが，子供たちの生活経験の中で活用されているのかなど，極め細やかな実態把握が必要である。

　学習内容については，どのような学習活動を通して，児童生徒等が身に付けていくことができるのか明らかにした上で，学習活動に取り組むために，補完すべき新たな知識・技能があるのかどうかを見極めながら，個別の指導計画に基づく指導を行う必要がある。そして学習内容は，学年相当で一律なものでなく，児童生徒の学習状況等により，異なっている点を踏まえながら，深い学びにアプローチできる指導を充実させていくことが必要であり，知的障害教育に係る教師の専門性の核となるものである。

　個別の指導計画に基づく指導を，授業の中で展開していくことのできる専門性を向上させていくためには，知的障害教育の各教科等の目標や内容の深い理解はもとより，指導内容や指導方法について，「授業研究」を柱とした校内研究をより一層活性化させていことが求められる。

　指導計画の段階で，児童生徒の学ぶ姿，特に，児童生徒が，思考・判断し表現していく場面を計画的に学習の文脈の中に位置づけて，児童生徒の変容を見定められる授業を構築していきたい。

― 参考・引用文献 ―
・文部科学省（2017.4）「特別支援学校幼稚部教育要領　小学部・中学部学習指導要領」
・中央教育審議会（2016.12.21）「幼稚園，小学校，中学校，高等学校及び特別支援学校の学習指導要領等の改善及び必要な方策等について」（答申）
・文部科学省（2018.3）「特別支援学校学習指導要領解説各教科等編（小学部・中学部）」

新潟大学教職大学院教授　長澤　正樹

発達障害通級指導教室の現状と課題

1　現状

　文部科学省(2018)によると，平成29年度に通級による指導を受けていた児童生徒は約109千人で，そのうち学習障害・注意欠如多動障害（ADHD）・自閉症スペクトラム（ASD)は54千人で全体の49.8%であった。平成28年度はそれぞれ98千人，47千人，48.1%であり，発達障害のある児童生徒の発達障害通級指導教室(以下，発達通級と略す)利用者数は増えており，この傾向は今後も続くであろう。また学校教育法施行規則の一部改正により，平成30年度から高等学校でも通級による指導が始まっている。今年度の通級による指導を受けている児童生徒は大きく増加することになろう。

　発達通級の対象は，対人関係の困難さ，行動管理の弱さ，学力や学習上の問題を抱えている児童生徒であり，発達障害という診断を必ずしも必要としない。そのため，このような困難さへの支援を求めている児童生徒は少なくないだろう。特に，人間関係の構築・維持は，知識やスキル獲得だけでは難しい。AI(人工知能)が代わることのできない人間だけの活動だけに，時代が変わっても必要とされることは間違いない。発達通級は発達障害に限定せず，対人・行動管理・学習に関係する教育的ニーズのある児童生徒の学びの場であり，今後もその必要性は高まり続けるであろう。

2　発達通級の指導とは

　インクルーシブ教育システムにおける発達通級の価値付けを見てみる。インクルーシブ教育システムでは，通常の学級を中心とした学びの連続性を保障する。対人関係の指導も，通常の学級全体で取り組む人間関係づくりをベースとし，うまくできなかった(結果が出せなかった)場合，例えば，スクールカウンセラーや教員による個別の相談対応が考えられる。対話を通して，よりよい人間関係づくりのためにできることを一緒に考え決めていく。さらに，より

きめ細かな指導が必要な場合は発達通級を適用する(障害によらない三層モデル)。発達通級は,通常の場での教育をベースとした,きめ細やかで専門的な指導の場と言える。

　佐藤(2015)によると,新潟県内の発達通級で重視されている指導内容は,心理的な安定,人間関係の形成,コミュニケーション(いずれも自立活動)であった。一般的に発達通級でニーズの高い指導として対人関係に関する内容が挙げられる。社会性の未熟さや人と関わるスキルの未習得などの問題は,人間関係の問題にとどまらず,社会生活不適応につながる可能性がある。社会性の育成という目標のために,ソーシャルスキルトレーニング(SST)を通して具体的な社会的技能の獲得を目指す指導が多く見られる。話し合いにより獲得を目指すスキルを選び,ロールプレイで実際にスキル使用を体験する方法である。SST以外では,テーマを決めて,ゲームや作業,軽い運動など小集団による活動も多く見られる。同じ教育的ニーズのある児童生徒が,協力したりときには対立したりしながら,一つの目標を成し遂げ,結果として良好な人間関係を築くことになる。近年は,感覚の過敏性により教室に入れなかったり登校できなかったりという問題を耳にするようになった。この場合も発達通級の役割は重要である。自立活動の学習指導要領に,「障害の特性の理解と生活環境の調整に関すること」が新設された。自分の特性を知り,合理的配慮を話し合ったり,生活の振り返りをしたりするなどは,発達通級が担える役割ではないだろうか。

3　発達通級に求められること

　指導するための方法は様々であって構わないが,大事なことは発達通級,通常の学級,家庭の三者の連携で社会性を育成することである。そして発達通級で練習した対人関係スキルが通常の場に般化できるようにすることである。そのために目標を共有し,三者の役割を明確視した個別の指導計画が必要である。例えば,長期目標:場に合った対応ができるようにする,短期目標:失敗したときやうまくいかなかったときに「ごめんなさい」と言う,発達通級での指導はロールプレイを通して「ごめんなさい」が言えるようにする,通常の学級では,学校生活の中でのトラブルで「ごめんなさい」が言えるよう担任が指導する,

家庭では，うっかりミスをしたときに「ごめんなさい」が言えるように親が指導するなどである。新学習指導要領では，対話による主体的な学びという言葉が目に付く。対話は聞く話す行為から成り立つが，相手の話を聞いて理解する，不明な点は質問する行為は簡単なことではない。発達通級の場で対話の基本ができるようになり，通常の学級の授業で深い学びにつながることが望まれる。

　このように，子供が生活する場面で求められる対応ができ，当事者と周囲の子供たちにとって良好な結果を生むためには，三者による支援会議を実施すること。計画の立案と共有だけではなく，定期的に振り返り（評価の会議）を実施し，指導が有効かどうかの確認をすること。連携による指導実施と般化促進のための個別の指導計画を作成し，学校生活全体を使っての指導を可能にするためには，カリキュラムマネジメントが必要不可欠である。社会性育成の指導が，どの教育活動で実施されるのか検討することと，授業だけではなく様々な場面を使って実施することである。発達通級は指導の核になるが，発達通級だけで社会性の育成は難しいことを忘れてはいけない。

4　課題

　今年度からスタートした高等学校での通級による指導を含め，以下の課題を指摘する。

(1) 通級教室を含めた校内支援体制の構築

　小中学校においては，発達通級を含めた三層モデルでの目標達成ができるための組織づくりが急務である。当然，自校通級でない場合は，「3」で述べた三者による連携がしっかり図られるための関係づくりが必要である。高等学校においては，通級指導教室専任担当をおけない場合もある。通級による指導を担当する教員によるチームによる指導が行われるため，それぞれの教員の強みを生かした役割分担で実行すること。

(2) 小中学校からの引き継ぎと継続

　社会性の育成や自己管理，感情のコントロールなどの指導は，計画的継続的に行われなければならない。さらには，発達段階や成長による変化に適切に対

応していくこと。そのためには学校間の引き継ぎを確実にし，積み上げてきた結果を更に伸ばしていくこと。

(3) 指導者の妥当性の説明責任

　発達通級を担当するためには，発達障害や「1」で説明した様々な教育的ニーズに対応する知識とスキルが求められる。現在，発達通級を担当するための資格は求められていない。特別支援教育士などの認定資格はあるが，この資格ではなくても専門性のある教員の配置が必要である。そのような教員が不在の場合は，通級による指導担当で専門性を担保するとか，外部の専門機関と連携するなどの対応が考えられる。

5　最後に

　新潟の実践について触れる。新潟大学教育学部附属特別支援学校の発達通級の指導内容のウリは，「子供が自分と向き合い，自分に合った学び方を見付けながら，在籍校で主体的に学習に取り組み続けることができる」「子供の強みを共有し，自分に合った学び方を支える連携」である。社会性の未熟さ，自己管理の弱さ，読み書きの困難さ等の指導姿勢は，ともすると苦手の克服が中心となり，子供から学ぶ楽しさを奪い取り，結果として主体的な学びから離れてしまう危険がある。新潟の実践は，子供のウリを生かし，楽しい活動を通して主体的な学びを保障する，時代のニーズに合ったものと評価できる。この実践が，同じ課題を抱える教師や保護者・関係者への一助となることを期待する。

─ 参考・引用文献 ─

・文部科学省 (2018)「特別支援教育をめぐる諸課題について」平成 30 年度全附連附属学校 連絡協議会特別支援学校部会研修会資料
・長澤正樹 (2017) 特別支援総合研究所発達障害教育実践セミナー配付資料
・長澤正樹 (2017)「特殊教育，特別支援教育，インクルーシブ教育システム，インクルーシブ教育」信濃教育 ,1578,1-8 頁
・新潟大学教育学部附属特別支援学校 (2017)「研究紀要第 40 集」
・佐藤義則 (2015)「新潟県における発達障害通級指導教室と学校との連携の在り方 - 担当者へのアンケート調査による実態と課題」新潟大学教育学部特別支援教育専修年報 ,7,69-71.

第1章

理論編

第1章　理論編

第1節　子供が学びを深める授業を目指して

～学びを深めるプロセスと「学びの価値」を捉えて～

1　今，知的障害教育に求められている学び

　近年，ＡＩ（人工知能）やＩｏＴ（モノのインターネット）などが私たちの生活の中に取り入れられ，情報化やグローバル化による急速な社会的変化が見られるようになっています。これらの変化は一層進み，私たちの生活や社会を大きく変え，ますます人間らしさや多様性を認め合うことが求められる時代になると予測されています。

　学習指導要領（平成29年3月）では，こうした新しい時代を生きていくために必要となる「資質・能力」を育むことを求めています。育成を目指す「資質・能力」とは，学習する子供の視点に立ち，以下の三つの柱で整理されました。

◇育成を目指す「資質・能力」
①「何を理解しているか，何ができるか」（生きて働く「知識・技能」の習得）」
②「理解していること・できることをどう使うか」
　（未知の状況にも対応できる「思考力・判断力・表現力等」の育成）
③どのように社会・世界と関わり，よりよい人生を送るか
　（学びを人生や社会に生かそうとする「学びに向かう力・人間性等」の涵養）

　この「資質・能力」を育むためには，子供たちが学習活動に興味・関心をもって主体的に学び，また，多様な人や物等との対話を通じて思いや考えを広げ，学んだことの意義を理解できるような，子供の学びの深まりを重視した「主体的・対話的で深い学び」の実現に向けた授業改善を行っていく必要があります。現在，知的障害教育の学校現場では，子供の視点に立ち，子供の発達段階や生活の状況を踏まえながら，どのような授業を行っていくのか模索されているところです。

　本書では，知的障害教育における「主体的・対話的で深い学び」が実現される授業の具現化を図るため，「子供が学びを深める授業」をテーマに掲げて，子供の学びの深まりに着目した授業づくりの在り方を提案します。

　まず，本章では，私たちが捉える「知的障害のある子供が学びを深める」とはどういうことなのか，また，どのように「子供が学びを深める授業づくり」をするのかについて紹介します。そして，第2章では，具体的な実践事例を紹介します。

2　子供が学びを深めるとは

　子供が学びを深めるとはどういうことを言うのでしょうか。私たちは，子供一人一人は無限の可能性をもち，自らを向上させようとする欲求があるという考えに立ち，次のように捉えています。

　子供は，学習活動に興味・関心をもつと，取り組みたいことや取り組むべきことを自分なりに思い描き，意欲的に取り組みます。そして，他者と協働したり新しい知識・技能と既有の知識・技能を相互に関連付けたりしながら解決策を考え，思い描いたことを実現していくことで，学ぶことの意義や意味を理解し，学びに価値（以下，学びの価値）を感じていきます。すると，子供は「もっと取り組みたい」「挑戦したい」など，意欲や向上心を高めた前向きな思いをもち，実生活とのつながりを見出しながら子供自らが学びを深化・拡充させていくのです。

　このように，私たちは子供が思い描いたことを実現する過程で「学びの価値」を感じ，高めていくことが「子供が学びを深める」ことであると考えています。そして，こうした学びを深めるプロセスを積み重ねることにより，子供が社会の中で自らの可能性を最大限に発揮しようとする主体性や，新しい時代を生きるために必要な資質・能力を育むことができるものと考えます（図1参照）。

　では，「学びの価値」にはどのようなものがあるのでしょうか。

図1　子供が学びを深めるプロセス

第1章　理論編

3　子供が学びを深める過程で感じる「学びの価値」とは

　私たちは，子供が「学びの価値」を感じることを，「子供が学ぶことの意義や意味を理解していること」と捉えます。そして，この「学びの価値」は，子供が授業の中で見出している目的意識に応じて，学習活動に対する「楽しさ」「良さ」「大切さ」という三つの要素が関係していると考えています。

〇 子供が感じる「学びの価値」

楽しさ

　「楽しさ」とは，子供が活動自体に目的意識をもち，それに取り組むときに感じる思い，つまり，活動そのものの価値のことを言います。楽しいという思いは，受動的に取り組んでいるときに感じているとも考えられますが，ここでは，子供から主体的に取り組んでいるときの思いを重視します。例えば，体育「サッカー」での「楽しさ」とは，弾力性や転がりやすさがあるボールをうまくコントロールして「ボールを遠くに蹴ることができた」「ボールを蹴ってゴールに入れられた」という実感を伴った思いと考えます。すなわち，ボールを蹴ること自体に価値を感じることを言います。

活動自体に目的意識があり，それに取り組むときの思い

この活動は，楽しいな。　→　目的意識
　　　　　　　　　　　　　活　動
　　　　　　　　　　　　【活動そのものの価値】

（例）体育　題材「サッカー」
　〇目的意識　：　ボールをゴールに入れること
　〇学びの価値　：　ボールを蹴ることは楽しいという思い

良さ

　「良さ」とは，活動の結果に目的意識があり，それに向けて取り組むときの思い，つまり，結果にかかわる価値のことを言います。例えば，作業学習では，製品を作る目的がなければ，活動に意欲的に取り組むことは難しいものです。しかし，製品を受け取る人から仕上がりや使いやすさを喜んでもらえるなど，製品を作った結果で得られる有益さが分かると，子供はそれに目的意識をもち，進んで製品作りに取り組むことができるようになると考えます。こうした「喜んでもらえる

製品にするために，良い仕上がりにしたい」という子供の思いのことを言います。

目的意識
【結果にかかわる価値】

（例）作業学習　単元「思いを込めてプランターを作ろう」
○目的意識　：　喜んでもらえる製品を届けること
○学びの価値　：　喜ばれる製品作りのために，良い仕上がりにしたいという思い

大切さ

「大切さ」とは，自分の実生活に目的意識があり，活動に必要感をもって取り組むときに感じる思い，つまり，現在及び将来の生活にかかわる価値のことを言います。例えば，社会生活＊で宿泊学習の単元を行う際の「大切さ」とは，将来，給料をやりくりして生活をしたいという目的意識に対して，宿泊学習で使う物を予算内で買うことに必要感をもって取り組むときの思いのことを言います。

実生活に目的意識があり，活動に必要感をもって取り組むときの思い

目的意識
【現在及び将来の生活にかかわる価値】

（例）社会生活　単元「社会人として宿泊学習に取り組もう」
○目的意識　：　将来の給料をやりくりした生活
○学びの価値　：　お金をやりくりすることは，自分の生活のために必要だからやろうという思い

＊社会生活とは，暮らしや余暇にかかわる学習を中心とした各教科等を合わせた指導の形態。

このように，子供が学びを深めるためには，子供が学習活動に対してどのような目的意識をもつのかに着目し，「学びの価値（楽しさ・良さ・大切さ）」を感じられる授業を構想・実施していくことが大切です。次節では，その授業づくりを提案します。

第1章　理論編

第2節　子供が学びを深める授業づくり
～学びの深まりをつくるための単元・題材と支援～

1　「単元・題材」で子供の学びを深める

　単元・題材（以下，単元と表記する）とは，学習のねらいに基づいて設定される学習活動の一連のまとまりを意味します。そのため，単元をつくるということは，子供がどんな学習活動を，どのように取り組んでいくか，「年間学習計画」や「個別の指導計画」を踏まえ，子供に必要な学習内容を吟味した上で，計画的，戦略的に考えていく必要があります。

　学習指導要領では，子供が学ぶことの意義や意味を理解できるように，学習のまとまりを工夫し計画をしていくことを求めています。

　では，子供が学びを深めることのできる単元とは，どのようにつくるのでしょうか。

①単元目標と「学びの価値」

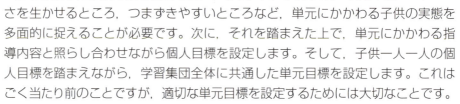

　授業を考えていく上で，子供の実態を捉え，単元目標を設定することは必要不可欠なことです。子供の実態把握のためには，個別の指導計画を活用することが重要になります。まず，教師間や保護者等との話し合いから作成した個別の指導計画を基に，子供一人一人の興味・関心や良さを生かせるところ，つまずきやすいところなど，単元にかかわる子供の実態を多面的に捉えることが必要です。次に，それを踏まえた上で，単元にかかわる指導内容と照らし合わせながら個人目標を設定します。そして，子供一人一人の個人目標を踏まえながら，学習集団全体に共通した単元目標を設定します。これはごく当たり前のことですが，適切な単元目標を設定するためには大切なことです。

　子供が学びを深める授業を考える際には，こうした子供に適切な単元目標を設定することと合わせて，子供がどのように学んでいくかという学びを深めるプロセス（P.17，図1参照）に着目し，「学びの価値」を明確に捉えていくことが大切です。なぜならば，先述のとおり，子供は学習活動に「学びの価値」を感じることで，学習に意欲や向上心をもち，子供自らが学びを深化・拡充しながら，単元目標の達成に向かうことが期待できると考えるからです。この「学びの価値」を感じるためには，子供が主体的に取り組むことができる学習活動やその展開を工夫し，単元を構想する必要があります。

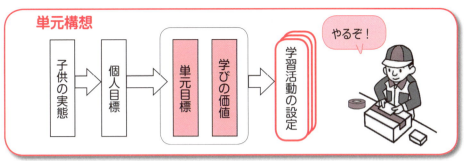

図2　単元構想における単元目標と「学びの価値」の設定

② 子供が学びを深めるための3段階による単元構成

　子供が学びを深める単元をつくるときに大切なことは，子供が主体的に学習に取り組み，学びの価値を感じながら学習活動を展開していけるように単元構成を工夫することです。子供に身に付けさせたいこと，取り組ませたいことなどが先行した「指導内容ありき」で単元をつくると，子供の気持ちを置き去りにした活動になり兼ねません。

　そのため，子供の視点に立ち，子供が学びを深めるプロセスを推察しながら，学びの価値を十分に感じることができる学習活動の展開を序盤，中盤，終盤の三つの段階に分けて構想していく必要があると考えています。

◆単元の「序盤」― 子供の興味・関心を最大限に生かした学習活動 ―

　単元の序盤では，子供が意欲的に学習活動に向かうことができるように，子供の興味・関心を最大限に生かした学習活動を設定します。ここでは，子供が「これは面白そう」「やってみたい」「できそう」などと，前向きな思いをもてるようにすることが大切です。そのためには，子供の実態や生活経験等を踏まえて，日常生活の中から子供が好きなこと・人・物などの興味・関心を生かした学習活動や，これまでの既習経験を生かした，子供が取り組みやすい学習活動を設定します。

◆単元の「中盤」―「学びの価値」を十分に感じることができる学習活動―

　単元の中でも中盤は，重要な学習活動として位置付けます。単元の序盤において子供の興味・関心を喚起し，高めた前向きな思いを生かして，子供が学習活動に対する「学びの価値（楽しさ・良さ・大切さ）」を感じられるようにすることが大切です。そのために，子供が他者と協働したり，既有の知識と関連付けたりしながら考え，試行錯誤し，自らの意思や判断で課題解決を図ることができる学習活動を設定します。そして，子供が「学びの価値」を十分に感じられるように，子供の成長や変容を適宜評価しながら，授業時数や学習内容の見直しを図り，学習活動を展開します。

◆単元の「終盤」― 子供の発展的な思いに応える学習活動―

　学習活動を展開していくと，子供自身から取り組みたいと思い描くことに発展性が見られることがあります。例えば，単元の中盤で生活費にかかわるお金のやりくりに必要感を感じていた子供が，学習活動に取り組む中で，余暇にかかわるお金についても考える必要感を感じた場合などです。こうした中盤での取り組みを通して高まってきた「もっと取り組みたい」「難しい課題にも挑戦したい」などの子供が学習活動を深化・拡充させようとする思いを大切にして，終盤では子供の発展的な思いに応える学習活動を設定します。ここでは，単元を通して獲得してきた資質・能力を存分に発揮しながら取り組める学習場面を設定したり，家庭や地域での生活とつながりのある学習活動を設定したりします。

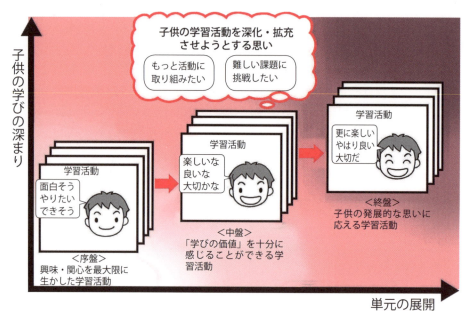

図3　子供が学びを深める単元の展開について

2 「支援」で子供の学びを深める

　子供にとって魅力的な学習活動があっても，子供が取り組みにくかったり，取り組むことに達成感や満足感を得ることができなかったりすると，子供は学習活動に「学びの価値」を感じられず，学びを深めることはできません。
　子供が学びを深めるためには，次の二つの「状況づくり」を行い，子供一人一人に応じた支援を適切に行っていくことが必要です。

実現できる状況づくり

　一つ目は，子供が「取り組みたい」と思い描いたことを実現できる状況をつくること（以下，実現できる状況づくり）です。子供は「取り組みたい」と思い描いたことが実現できないと分かると，諦めの気持ちをもち，学習活動に意欲を失ってしまうことがあります。そのため，子供一人一人に応じて必要な支援を考え，子供の思いが実現できる状況をつくることは重要なことです。
　「実現できる状況づくり」とは，目の前の活動を深く見つめ，試行錯誤しながら取り組めるように，子供に適切な課題や環境を設定して子供が精一杯活動に打ち込める状況をつくることです。また，子供が物事の見方や考え方を働かせ，実現に向けて取り組めるように，他者と協働する場面を設定したり，既有の知識を相互に関連付ける単元配列の工夫やこれまでの取組を想起する働き掛けをしたりすることです。こうした，子供が「実現できる状況づくり」をすることで，子供が主体的に学びに向かい，学びに価値を感じていくことができると考えます。

学びを価値付ける状況づくり

　二つ目は，子供が「取り組みたい」ことを成し遂げ，達成感や満足感を得られるように，子供が取り組む活動とその結果を結び付ける働き掛けをしたり，取組を振り返りながら承認・称賛を与えたりして，子供が学びの価値付けを図るための状況をつくること（以下，学びを価値付ける状況づくり）です。子供は目の前の活動が実現できたとしても，活動に対して十分な達成感や満足感を得られません。例えば，Aさんが，作業学習で木材に穴を開ける活動に取り組んでいた場合，たくさん穴を開けることができただけでは，学びの価値を感じることはできません。まっすぐに穴を開けたことが，次の工程の友達の作業に取り組みやすいことが分かったり，販売活動を通してお客様に喜ばれる場面を設定して取組を承認・称賛されたりすることで，自分の役割に達成感や満足感を得ることができると考えます。こうした「学びを価値付ける状況づくり」をすることが，学びを深める

第1章　理論編

ためには大切です。

　こうした二つの「状況づくり」を考える際のポイントは次のとおりです。

◆学びを深めるための支援を考える際のポイント

支援のポイント①－支援の三つの側面－

　子供が学びを深めることができるように，「活動構成」「環境構成」「教師の働き掛け（以下，働き掛け）」の三つの側面から多面的に支援を考えます（表1参照）。
「活動構成」…興味・関心を喚起，維持でき，見通しをもちやすい学習活動の設定。
「環境構成」…学習に集中でき，分かりやすく動きやすくするための物的，空間的，人的な環境の設定。
「働き掛け」…取組に注目や理解を促したり，意欲を喚起し，進んで取り組んだりするための教師の働き掛け。

表1　支援の三つの側面における例

活動構成	環境構成	働き掛け
・子供の興味・関心を基にした課題の設定 ・目的の達成に向けて展開していく活動の設定 ・繰り返す場面の設定 ・選択場面の設定 ・活動時間の確保　等	・分かりやすい教材（視覚支援，手順表など） ・使いやすい支援具，補助具 ・動線の確保 ・座席，用具等の配置 ・個別，ペア，グループなどの編成　等	・動作補助の手添え ・実演によるモデルの提示 ・注目を促す指差し ・活動に見通しをもつための言葉掛け ・意欲を喚起する承認，称賛 ・見守り　等

支援のポイント②－適度で適切な支援の量や仕方の調整－

　子供が学びを深めるためには，過剰な支援にならないように，適度で適切な支援の量や仕方に留意することが大切です。単元の序盤から終盤に掛けては，子供の障害の特性に応じて必要な支援は残しつつ，子供の主体的な姿に応じて支援を徐々に減らしたり，変えたりしていくことなどが考えられます。大切なのは，周りの支援者が，子供の自立や社会参加の実現に向けて，子供が必要とするニーズを的確に捉えていくことです。

支援のポイント③－職員間で見直し・改善－

　当たり前のことですが，子供の学習活動における取組の姿を踏まえ，適切な支援かどうかについて随時，職員間で検討し，見直し・改善を図ります。学習活動

を展開する中で，学習集団全体に行う支援と子供一人一人に必要な支援の検討や共有が不十分であれば，支援が適切でなかったり過剰な支援になっていたりすることが考えられるためです。複数の教師で子供の姿を見取り，意見交換しながら共通理解を図ることが，子供が学びを深めるための支援をよりよいものにします。

　次章の「実践編」では，小学部・中学部・高等部で実践した「子供が学びを深める授業」について具体的に紹介します。

― 参考・引用文献 ―
・文部科学省（2017）「特別支援学校小学部・中学部学習指導要領」
・「知的障害のある児童生徒のための各教科について」教育課程部会特別支援教育部会第6回資料
・文部科学省初等中等教育局特別支援教育課（2017）「特別支援教育 No.65 平成29年春」東洋館出版社
・桜井茂男（2009）「学習意欲の心理学　キャリア発展の視点を加えて」有斐閣
・小出進（2014）「知的障害教育の本質　本人主体を支える」ジアース教育新社
・新潟大学教育学部附属特別支援学校（2013）「特別支援教育 意欲を育む授業 授業づくりの五つの視点」ジアース教育新社
・新潟大学教育学部附属特別支援学校（2014～2017）「研究紀要第37集～第40集」

Column 1

特別支援教育は 2.0(にーてん ゼロ) になれるのか

　昨今，ＡＩ（artificial intelligence）が巷を賑わせている。ＡＩと聞いてまず思い出すのは，スタンリー・キューブリック監督の映画「2001 年宇宙の旅」である。人工知能 HAL の暴走を描くこの作品により，「ＡＩは必ずしも人類を幸せにしないのではないか」という懸念を強く植え付けられたように思うのは私だけであろうか。

　そして奇しくも 2001 年に公開された映画が「A.I.」だ。このシンプルな響きに思わず映画館に足を運んだ記憶がある。この作品，もともとはキューブリックが監督する事になっていたと言う（彼の死去とともに，一度は監督を断ったスピルバーグが監督を引き受けることになったらしい）。映画「A.I.」の，人工知能は暴走などしない。暴走した人間の成れの果てが描かれている。人工知能を搭載したロボット少年デイビッドは，彼を捨てた人間の母モニカの「愛」をいつまでも信じ，求め，そしてさまよい続けた。そもそもこの「愛」自体が，皮肉にも人間によりプログラミングされたものなのだが……。ＡＩは，我々の敵なのだろうか，それとも味方なのだろうか。そう考える前に，我々の中にある「愛」の価値を議論した方が良さそうな気もする。

　さて，様々な技術革新により，経済のあり方もこれまでにない変化を遂げようとしている。Blockchain 技術により，中央銀行や国家が発行しない「仮想通貨」が流通するようになった。インターネットの発達と合わせ，私たちは，ダイレクトに世界と繋がった。Crowdfunding により，未知なるプロジェクトに対して世界中からお金が集まっている。資産は，所有から共有へと，Sharing Economy の時代を迎えている。さらに Social capital で言う互酬性は，ご近所の力に留まらず，社会の豊かさに貢献する可能性を秘めている。どれも「信頼」を核に成り立っていることにお気づきだろうか。こうした新しいバージョンアップを，「2.0(にーてん　ゼロ)」と表現するらしい。従来の資本主義経済では，「生産性」が注目されてきた。しかし，これからの時代，その生産活動のかなりの部分が，ＡＩに取って代わられるらしい。

　一方で，ビッグチャンスが訪れている。新しい変革は，実は共生社会と相性がよい。つまり，障害のある子たちの可能性を拡げる社会が，すぐそこまで訪れようとしている。あとは特別支援教育を，ちゃんと「2.0」にバージョンアップするだけだ。

新潟大学教育学部特別支援教育専修

教授　**有川　宏幸**

第2章

実践編

第 2 章　実践編

実践編の読み方

　実践編は，小学部，中学部，高等部における「学びを深める授業」の各実践を
4 〜 6 ページで紹介しています。具体的には，次の通りです。

学部・学年と指導の形態（グループ）

高等部　1〜3年　職業生活（一般就労を目指すグループ）

清掃にかかわる作業に取り組もう

単元・題材名

単元設定の理由

なぜ，この単元・題材なのか（設定理由）

　　　　」は，卒業後の進路や生徒の課題に応じて，三つのグループに分かれ，働く力を身に　　　　の形態です。一般就労を目指しているグループの生徒は，校内では与えられた仕事に　　　り組みながら，働く力を身に付けています。一方で，職場体験や職場実習など，校外　　　なり環境が変わると，自分から行動できず，身に付けた力を発揮することが難しい実　　　す。

　　そこで，仕事の順序が決まっていて見通しをもちやすい「清掃業」を取り上げ，企業で働く上　で重視されること（「正確性」「時間」「挨拶」）を踏まえた学習活動を設定します。「正確性」「時間」「挨　　　身に付け，校内外のたくさんの委託清掃を通して，「依頼者から喜んでもらえる　　　時間・挨拶を頑張ろう」「働く上で，正確性・時間・挨拶は必要だ」と実感でき　　　した。

子供に味わわせたい「学びの価値」

学びの価値　　　楽しさ　　　良さ　　　大切さ

　依頼者から喜んでもらえるように，「正確性」「時間」「挨拶」を意識して作業しようという思い（良さ）
「正確性」「時間」「挨拶」を意識することは，働く上で必要なことだからやろうという思い（大切さ）

単元目標を，【知識・技能】【思考力・判断力・表現力】【主体的に学習に取り組む態度】の 3 観点で紹介

単元目標

○清掃用具を正しく扱いながら，拭き残しなく（正確性）時間内に清掃する（時間）力や，仕事
　中にすれ違った人に自分から挨拶する（挨拶）力を身に付ける。　　　　　　　【知識・技能】
○ごみを残さずに限られた時間内で清掃を終えるための方法を考え，どの場面でも求められる精
　度やスピードで取り組むことができる。　　　　　　　　　　　【思考力・判断力・表現力】
○「正確性」「時間」「挨拶」を意識しながら，自分から進んで清掃に取り組むことができる。
　　　　　　　　　　　　　　　　　　　　　　　　　　　　　【主体的に学習に取り組む態度】

学習活動の計画を，序盤・中盤・終盤の 3 段階で紹介

単元計画

展開	学習活動（時間）	ねらい
序盤 興味・関心を最大限に生かした学習活動	「格好良く清掃しよう」 （9 時間）	・清掃業に興味をもち，目指す清掃する姿を明確にする。 ・清掃用具の正しい扱い方を身に付ける。
中盤 学びの価値を十分に感じることができる学習活動	「依頼者から喜んでもらえるように清掃をしよう」 （9 時間）	・仕事をする上で心掛けること（「正確性」「時間」「挨拶」）を知り，それを身に付けるために校内の委託清掃に取り組む。
終盤 子供の発展的な思いに応える学習活動	「地域の人たちから喜んでもらえるように清掃をしよう」 （10 時間）	・働く場所が変わっても，身に付けた力を発揮するために，校外の委託清掃に取り組む。

28

実践編の読み方

子供が取り組む学習活動と、その時の児童・生徒の思いを序盤・中盤・終盤の3段階で紹介

学習活動	支 援

＜中盤＞依頼者から喜んでもらえる清掃をしよう

序盤・中盤・終盤のそれぞれの段階での学習活動名

良い清掃をするために、何を心掛ければ良いか考えます。

仕事をする上でのポイントが分か清掃を仕事にしている卒業生にをする場面を設定します。

それぞれの学習活動で行った支援を紹介

大事なことは「ごみを残さず（正確性）時間内に終える（時間）」「自分から挨拶する（挨拶）」ことです。

⑤「正確性」「時間」「挨拶」を心掛けた校内清掃に取り組みます。

自分たちが仕事をする上でのポイントができていたか分かるように、序盤の最後の校内清掃を動画で振り返ります。

子供が「取り組みたい」と思い描いたことを実現できるようにするための支援について「実現できる状況づくり」として紹介

人が通っていることに気付いていない…

こんにちは！

子供の学習活動や行った支援に対する思い

廊下清掃（25分以内）
1 ダスタークロス掛け
2 モップで水拭き

支援のPoint! 実現できる状況づくり
動画を見て気付いた必要な力（挨拶など）を身に付けることができるように、廊下清掃で意図的に職員が多く通るようにするなど、課題に応じた場面を意図的に設定します。

どのようにして子供に学びの価値付けを図るかについてを「学びを価値付ける状況づくり」として紹介

頼された校内清掃をし、

あなたはフロアを隅々まで奇麗にしてくれました！

たって言って喜ん

支援のPoint! 学びを価値付ける状況づくり
「依頼者に喜んでもらえるように、正確性・時間・挨拶を頑張ろう」という思いをもてるように、依頼者が生徒一人一人に良かった点を伝えます。

序盤・中盤・終盤のそれぞれの段階で、子供のどのような「学びを深める姿」が見られたかを紹介

学びを深める姿
「正確性・時間・挨拶」を心掛ける大切さに気付き、自分で考えながら清掃に取り組む姿

単元展開のPoint!
「依頼者に喜んでほしい」という思いの高まりを捉えると共に、身に付けた「正確性・時間・挨拶」の力をさらに発揮できる学習活動に発展させます。

子供のどのような姿を捉えて、どのように学習活動を発展させるかを紹介

学びを深めるために、どのように学習活動を発展させたかを紹介

まとめ
1. 学びを深めるための単元構成の工夫
・清掃業の方や教師の清掃を見ることで、清掃業に関心をもてるようにし、「依頼者に喜んでもらえるように正確性・時間・挨拶を頑張ろう」という思いを捉えながら、校内から校外への清掃に発展させました。
2. 学びを深めるための支援の工夫
○実現できる状況づくりについて
・自分の清掃を動画で見てどのように取り組めば
を意識して取り組むことができる場面を意図的に設定す
できました。
○学びを価値付ける状況づくりについて
・清掃後に依頼者から三つの力についての評価をもらった取組の良い点を振り返ったりすることで、三つの力の大切

学びを深めるための支援をどのように工夫したのかを、「実現できる状況づくり」と「学びを価値付ける状況づくり」の二つの視点から紹介

29

第 2 章　実践編

小学部　1・2年　遊び学習
小麦粉で遊ぼう

題材設定の理由

　小麦粉は，さらさらとした感触やひんやりとした感触を味わうことができ，手ですくう，落とす，吹く，ふるうなど様々な遊び方のできる素材です。また，水を加え，量を調整することで，粘性など感触の変化や違いを味わうことができます。小麦粉遊びでは，こうした素材の良さ（感触の良さ，可塑性，遊び方の多様性）を十分に味わいながら活動する中で，子供が遊びのレパートリーを広げていくことを目指しました。

学びの価値　　[楽しさ]　　[良さ]　　[大切さ]

　小麦粉の感触や吹く，落とす，形を作るなどの遊びが楽しいという思い

題材目標

○ 小麦粉の感触を味わったり，道具を使ったりしながら，いろいろな遊び方を知る。
　　　　　　　　　　　　　　　　　　　　　　　　　　　　　　　　　　［知識・技能］
○ これまでに経験した遊びを生かしたり，教師や友達の遊び方を見たりして，自分の好きな遊び方で遊ぶことができる。　　　　　　　　　　　［思考力・判断力・表現力］
○ いろいろな遊び方に興味・関心をもち，自分から繰り返し遊ぶことができる。
　　　　　　　　　　　　　　　　　　　　　　　　　　　［主体的に学習に取り組む態度］

題材計画

展開	学習活動（時間）	ねらい
序盤 興味・関心を最大限に生かした学習活動	「小麦粉で遊ぼう」 （5時間）	・手足で直接触れて，いろいろな形状や粘性の小麦粉の感触を味わって遊ぶ。
中盤 学びの価値を十分に感じることができる学習活動	「道具を使って遊ぼう」 （5時間）	・道具を使って小麦粉を落とす，まくなどしたり，漏斗やバケツに入れる，詰めるなどして形を変えたりして遊ぶ。
終盤 子供の発展的な思いに応える学習活動	「小麦粉広場で遊ぼう」 （5時間）	・これまで取り組んだ遊びの経験を生かして，自分の好きな遊びを選んで遊ぶ。

授業の配慮事項

○序盤と中盤の1単位時間の活動構成

○ 題材を通しての教師の働き掛け
　児童が素材と出会う序盤の段階では，いろいろな遊び方を知ることができるように，教師は遊びのリーダーとして遊び方のモデルを示し，遊びの流れを作ります。児童が自分から進んで遊ぶようになってきた段階では，児童の側でさりげなくモデルを示したり，遊びのメンバーやフォロワーとして児童が行う遊び方で同じように遊んだりします。

授業の実際

学習活動	支　援

＜序盤＞小麦粉で遊ぼう

① 活動の前半は，床にまいたさらさらの小麦粉で遊びます。

「小麦粉ってさらさらだね。」

「先生が面白そうな遊びをしているぞ！僕もやってみよう。」

児童が，小麦粉の素材そのものの感触を手足で十分に味わえるように，さらさらの小麦粉だけで遊ぶ時間を十分に確保します。

支援の Point! 実現できる状況づくり
「この遊び方をしてみたい」という興味・関心をもてるように，児童の側で遊び方のモデルを示します。児童が遊び方に注目できるように教師はその遊び方の特徴が際立つように遊びます。

② 活動の後半に，あらかじめ教師が水を加えて作ったぼそぼその小麦粉など，感触の異なる小麦粉を追加して遊びます。

③ さらさらの小麦粉に水を加えて，ねちょねちょの小麦粉にしたり，もちもちとした小麦粉にしたりして，変化する感触を楽しみながら遊びます。

「もちもちしてて面白いな。私もやってみたいな。」

「たくさん集めて遊びたいな。」

＜序盤の環境構成図＞

活動の前半	活動の後半
さらさらの小麦粉	さらさらの小麦粉 / ぼそぼその小麦粉

支援の Point! 実現できる状況づくり
児童がさらさらの小麦粉を固めたがっている様子を捉えて，思いが実現するようにぼそぼその小麦粉を提示します。児童の遊びの芽生えを捉えて教師が新しい遊び方を提示します。

支援の Point! 実現できる状況づくり
いろいろな遊び方を知ることができるように，友達や教師の遊ぶ様子が見やすい配置にします。

学びを深める姿
小麦粉を存分に触りながら，自分の好きな遊び方で繰り返し遊ぶ姿

題材展開のPoint!
児童の「小麦粉をたくさん集めたり，集めた小麦粉で遊んだりしたい」という思いの高まりを捉えて，小麦粉そのもので遊ぶ活動から，道具を使った学習活動に展開します。

学習活動	支　援

＜中盤＞道具を使って遊ぼう

④ 小麦粉を入れる，落とす，ひっくり返すなどができる道具（漏斗等）を一つ用いていろいろな遊びをします。

⑤ 一時間毎に増えていく道具を使いながら，いろいろな遊びをします。

一つの道具でいろいろな遊びを経験することができるように，毎時間1種類ずつ道具を提示し，徐々に増やしていきます。
新たに提示される道具に注目できるように，前時までに提示された道具については，個数を減らすなど量を調整します。

＜中盤の環境構成図＞

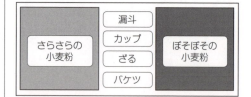

手が真っ白になって面白いな。

あ，この道具は好き！　いっぱい入れてみよう！

ざるから小麦粉が落ちていくよ。面白いな。

支援のPoint！実現できる状況づくり
いろいろな遊び方を見付けることができるように，児童がこれまでの学習活動や日常生活の中で好んで使っていた道具を提示します。

支援のPoint! 学びを価値付ける状況づくり
繰り返し遊んでいる姿を捉えて，「○○するのは面白いね」などと児童の遊び方を認めたり称賛したりするような言葉掛けをします。また，児童が考えた遊び方を他の児童に紹介し，児童同士で遊びの楽しさを共有できるような働き掛けを大切にします。

学びを深める姿
経験したことのある遊びを基にしながら，道具を使って，自分から繰り返し遊ぶ姿

題材展開のPoint！
児童の「自分の好きな道具を使って，もっといろいろな遊びをしてみたい」という発展的な思いに応えることができるように，学習活動を発展させます。

学習活動	支　援

＜終盤＞小麦粉広場で遊ぼう

⑥ 設置された複数のコーナーの中から，児童が自分の好きな遊びを選んで存分に遊びます。

これまで経験してきた遊び方で遊べるように，序盤と中盤で使った道具等を全て設置します。

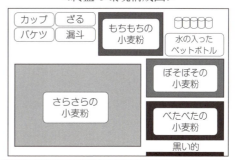
＜終盤の環境構成図＞

「被ってみると面白いかも。」

「Aさんの遊びを私もやってみたい！」

「Aさんの考えた遊びは面白いね！」

学びを深める姿
自分の好きな遊びを選び，繰り返し存分に遊ぶ姿

支援のPoint！ 学びを価値付ける状況づくり
題材の終盤は，教師はフォロワーとして児童が考えた遊び方で一緒に遊ぶようにします。そして，児童が自分のしている遊びに楽しさや充足感，満足感を感じ取れるように，遊びを認める言葉掛けをしたり繰り返しまねたりして一緒に遊びます。

まとめ

1．学びを深めるための題材構成の工夫
・「こんなことをして遊びたい」という思いを高め，自分から進んで遊びに向かうことができるように，題材の序盤では素材の感触の良さを味わいながら遊ぶ時間を十分に設定しました。そうすることで，同じ小麦粉であっても集める，落とす，吹くなどのいろいろな遊び方を知り，経験することができました。また，中盤では道具を1種類ずつ提示し，その道具を使って様々な遊びにじっくりと取り組めるようにしたことで，例えば漏斗では，入れる，落とす，ひっくり返すなど，いろいろな遊び方を経験し，好きな遊びの幅を広げることができました。終盤ではこれまでに経験してきた遊びをコーナー化したことで，児童は自分の好きな遊びを選んで存分に遊ぶことができました。

2．学びを深めるための支援の工夫
　○実現できる状況づくりについて
・児童の遊びの芽生えを捉えて，児童の思いに合わせた遊び方をして見せたり，これまでの学習活動や日常生活の中で好んで使っていた道具を提示したりしたことで，遊びのレパートリーを広げることができました。
・遊び方のモデルを示したり，友達同士の様子が見やすい配置にしたりしたことで，いろいろな遊び方を知る手掛かりにすることができました。
　○学びを価値付ける状況づくりについて
・「これは面白いね」と児童の遊び方を認めるような言葉掛けをしたり，児童がしている遊びを繰り返しまねたりする働き掛けをすることは，児童が進んで遊びに向かい，自分のしている遊びに楽しさや充足感，満足感を十分に感じていくためには重要でした。

第 2 章　実践編

> ## 小学部　3・4年　ことば・かず
>
> # 経験したことを伝えよう

題材設定の理由

　ことば・かずは，国語科と算数科の基礎的・基本的な力を身に付ける指導の形態です。ここでは，3年生1人，4年生2人の児童がグループで学習した国語科の実践を紹介します。
　3人の児童は，「○○さん，貸してください」など，自分の要求を定型の言葉で伝えることはできますが，「今日は何をしたの？」などの問い掛けには，同じ言葉を繰り返したり，下を向いて黙り込んでしまったりすることが多いです。そこで，国語科「聞く・話す」に焦点を絞り，友達や教師と言葉のやり取りを楽しみながら，自分の意思を分かりやすく伝えることのできる題材を設定しました。また，児童が日常生活の出来事を分かりやすく伝える経験を積むことができるように，家庭と連携しながら学習を進めました。

学びの価値

楽しさ	良さ	大切さ

　言葉のやり取りをしたいという思い

題材目標

○日常生活で使うことのできる語彙を身に付け，「誰（が）」「何（を）」「どうした」の三語文で伝えることができる。　　　　　　　　　　　　　　　　　　　　　　　　　　　　[知識・技能]
○友達や教師に自分の意思を言葉で伝えたり，自分で考えた質問をしたりすることができる。
　　　　　　　　　　　　　　　　　　　　　　　　　　　　　　　　[思考力・判断力・表現力]
○友達や教師と言葉のやり取りをする楽しさを感じながら，進んで活動に取り組むことができる。
　　　　　　　　　　　　　　　　　　　　　　　　　　　　　　[主体的に学習に取り組む態度]

題材計画

展開	学習活動（時間）	ねらい
序盤 興味・関心を最大限に生かした学習活動	「友達とお話ゲームをしよう」 　　　　　　　　（5時間）	・「しりとり」や「何を食べたかな？」ゲームで教師や友達と言葉のやり取りを楽しんだり，質問に正しく答えたりする。
中盤 学びの価値を十分に感じることができる学習活動	「お話かるたを作ろう」 　　　　　　　　（15時間）	・「お話かるた」ゲームで，自分が活動した写真を見て「誰（が）」「何（を）」「どうした」の三語文で正しく伝える。
終盤 子供の発展的な思いに応える学習活動	「お話名人になろう」 　　　　　　　　（6時間）	・「お話日記」で，家庭や学校で経験したことをワークシートに書き，「誰（が）」「何（を）」「どうした」の三語文で正しく伝える。

> 授業の実際

学習活動	支　援

<序盤>友達とお話ゲームをしよう

①教師や友達と言葉をつなぐ楽しさを味わうことができるように，「しりとり」を行います。

言葉をつなげる楽しさを味わえるように，教師が児童の言葉を引き出し，つなぎます。言葉を引き出すヒントには，イラストや連想できる動作や言葉を用いるようにします。

「ヒントをください。」
「ヒントは，食べ物です。赤いものです。」
「と」だからトマトが赤いな。

支援の Point! 実現できる状況づくり

言葉が見つからないときに用いる「ヒントをください」という定型の言葉を決めます。教師は，イラストを活用したり，動作や言葉でヒントを与えたりして「しりとり」が続けられるようにします。そうすることで，児童は安心感をもって取り組むことができます。

②「何を食べたかな？」ゲームを行います。野菜の模型の中から，熊役（教師又は児童）が食べた物を答えます。
（ア）熊役の教師の「何を食べたかな」という質問に答えます。
（イ）児童が熊役になり，友達同士で質問したり答えたりします。

熊の衣装の口の中へ模型を入れることで，児童が食べてなくなったものに注目できるようにします。「しりとり」で出てきた野菜の種類を教材に取り入れます。

「何を食べたかな。」
「ピーマンです。」

支援の Point! 実現できる状況づくり

熊が食べる動作やせりふを定型にして平易に示し，そのやり取りを繰り返します。児童が教師のせりふや動作をまね，進んでやり取りする姿が見られたら，役割を交代します。

「やった。自分たちだけでできたね！」
「○○さん，正解です。」

支援の Point! 学びを価値付ける状況づくり

教師は，友達同士でやり取りをしながら学習を進めている姿を見守ります。その姿を「自分たちだけでできたね」と称賛し，「もっと話したい」という思いへつなげます。

学びを深める姿
友達の言葉に注目し，友達と一緒に言葉をつないだり，質問に答えたりする姿

題材展開の Point!

友達の言葉に関心を示す姿や「友達と言葉をつなげるのは楽しいな」「友達とやり取りをするのは楽しいな」という思いを捉えて，学習活動を展開させます。

第 2 章　実践編

学習活動	支　援
<中盤>お話かるたを作ろう	

③「お話かるた」で友達と一緒に三語文を作ります。
　(ア) 教師が話した内容を聞き、それに合った写真を選びます。
　(イ) 写真を見ながら「誰（が）」「何（を）」「どうした」に当てはまる言葉を考え、三語文を作ります。

「これは、「パン」、「お弁当」どちらかな？」
「これは、お弁当だね。」

「「飲んだ」ではなく、「食べた」だね。」
「いいね。自分のしたことがよく伝わるよ。」
「文にすると分かりやすいな。」
「他の写真も文にしてみたいな。」

経験したことを三語文にすることができるように、人物や動作がはっきりと分かる写真を選択し、提示します。

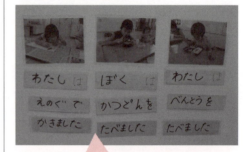

支援の Point! 実現できる状況づくり
始めは 2, 3 語の選択肢の中から写真の場面に応じた言葉を選ぶようにします。徐々に一人で言葉を考えられるように、「誰（が）」「何（を）」「どうした」が視覚的に分かりやすい、色分けしたカードを用意します。教師が必要に応じて「これは誰？」「何をしているの？」などと一つ一つ質問しながら、カードに記述します。

支援の Point! 学びを価値付ける状況づくり
教師とやり取りをしながら、相手に伝わりやすい言葉を見付けていく姿を承認、称賛し、「もっと話したい」「もっと文を作りたい」という思いへつなげます。

学びを深める姿
写真に合う言葉を進んで考えて、三語文を作る姿

題材展開の Point!
「みんなで文を作ることは楽しい」という思いの高まりを捉えて、身に付けた語彙や三語文での伝え方を日常生活の中で生かせるように学習活動を発展させます。

学習活動	支　援

<終盤>お話名人になろう

④家庭での様子の写真から，自分の伝えたいものを選び，教師と一緒に「お話日記」を書いて，発表します。

（ア）写真を見て，「誰（が）」「何（を）」「どうした」場面か，教師に伝えます。
（イ）ワークシートに三語文で書きます。
（ウ）ワークシートを見ながら写真の場面を発表します。

おうちの人にも伝えたいな。

やりたい。

いいね。教えてあげようか。

⑤学校での様子の写真から，教師と一緒に「お話日記」を書き，家族に伝える練習をします。

<家庭との連携>
家族に「お話日記」を言葉で伝えます。その様子を連絡帳等で学校に伝えてもらいます。

家庭や学校での様子を分かりやすく伝えることができるように，教師が写真の場面について児童に質問したり，言葉を補ったりします。

支援のPoint! 実現できる状況づくり
自分で「お話日記」を書くことができるように，写真や色分けされた枠があるワークシートを用意し，必要に応じて児童が話した言葉を枠内に小さい文字で記述します。

支援のPoint! 学びを価値付ける状況づくり
家庭や学校の様子を「お話日記」にして伝える場面を設定し，友達や家族から「よく分かったよ」「上手に話せたね」と承認，称賛されることで，自信や「話したい」という思いにつなげます。

学びを深める姿
学校や家庭で経験したことを「話したい」という思いをもち，友達や教師，保護者に進んで伝える姿

第2章 実践編
小学部
3・4年
ことば・かず

まとめ

1．学びを深めるための題材構成の工夫
・「話したい」という思いをもてるように，児童の興味・関心のある「しりとり」や「何を食べたかな」で語彙を身に付けながら，やり取りの楽しさを味わえるようにします。そして，相手に分かりやすく話せるように，日常生活と関連付けた三語文作りに取り組み，友達や教師，家族に伝える学習活動に発展させました。

2．学びを深めるための支援の工夫
○実現できる状況づくりについて
・友達に伝える言葉のせりふや困ったときの言葉を定型にして示すことで，児童は安心して学習に取り組み，楽しく言葉のやり取りをするようになりました。
・「誰が」「何を」「どうした」を色分けしたカードで視覚的に示すことで，三語文を進んで考え，作ることができました。
○学びを価値付ける状況づくりについて
・家庭と協力して学習を進め，友達や教師，保護者から「よく分かったよ」「上手に話せたね」と承認や称賛を受けるようにしたことで，児童は自信をもって身近な人に自分の思いや出来事を伝えることが増えていきました。

第2章　実践編

小学部　5・6年　生活単元学習 •••••••••••••••••••••

一緒に遊ぼう！「ハピネス遊園地」

••

単元設定の理由

　　6〜7月は，児童の生活に身近なことや経験を踏まえたテーマに取り組んでいます。児童は休み時間に遊具で遊んだり，家族と公園や遊園地に行った経験を楽しそうに話したりする様子が見られました。また，運動会（5月）の準備では，衣装や小道具作りに進んで取り組む姿が見られました。こうした姿を踏まえて，「遊び場を作って楽しむ」ことを単元のテーマに設定しました。
　　本単元を通して，友達と一緒に遊ぶ楽しさや協力して成し遂げる達成感を感じること，そして，遊び場で楽しむ活動を交流及び共同学習と関連付けることで，人とのかかわりを広げる姿を目指したいと考えました。

学びの価値

| 楽しさ | 良さ | 大切さ |

　遊び場を友達と一緒に作って遊びたいという思い

単元目標

○友達と一緒に遊ぶ楽しさが分かり，簡単な役割を果たしたり友達と仲良く遊んだりするための
　知識・技能を身に付ける。　　　　　　　　　　　　　　　　　　　　　　　　　　　[知識・技能]
○楽しい遊び場になるように考え，友達や教師と協力しながら遊び場を作ったり，かかわりなが
　ら遊んだりすることができる。　　　　　　　　　　　　　　　　　　[思考力・判断力・表現力]
○友達と一緒に遊び場を作って遊ぶ楽しさや達成感を感じ，進んで活動に取り組むことができる。
　　　　　　　　　　　　　　　　　　　　　　　　　　　　　　　　　[主体的に学習に取り組む態度]

単元計画

展開	学習活動（時間）	ねらい
序盤 興味・関心を最大限に生かした学習活動	「友達が好きな遊びを体験しよう」 （3時間）	・好きな遊びを紹介し合い，一緒に遊ぶことを通して，友達の好きな遊びに興味・関心をもつ。 ・友達と一緒に遊ぶことに楽しさを感じ，繰り返し遊ぶ。
中盤 学びの価値を十分に感じることができる学習活動	「遊び場を作ろう！ 遊ぼう！」 （16時間）	・遊び場（ハピネス遊園地）を作って遊ぶことに興味・関心をもち，友達と楽しむ遊び場を考えて作る。 ・遊園地に必要な役割を見付け，準備や片付けに自分から取り組んだり，友達を遊びに誘い，一緒に楽しんだりする。
終盤 子供の発展的な思いに応える学習活動	「交流校の友達と私たちの遊び場で遊ぼう！」 （6時間）	・交流校の友達と自分たちの遊び場（遊園地）で一緒に遊ぶことに見通しをもち，招待するための準備や遊び場作りに進んで取り組む。 ・交流校の友達の意見を参考に遊び場を工夫したり，交流校の友達と進んでかかわりながら遊んだりする。

38

> 授業の実際

学習活動	支　援

＜序盤＞友達が好きな遊びを体験しよう！

①休み時間や学校行事等で取り組んでいた活動を振り返ります。そして、自分が好きな遊びを選んで、友達と紹介し合います。

児童が好きな遊びを選んで友達に紹介できるように、児童が楽しく取り組んでいた様子の写真を複数枚用意して提示します。

＜紹介した写真＞
（昼休み）ボール遊び，バランスボール，マット，トランポリン，自転車，滑り台
（運動会）学部種目，パン食い競争，玉入れ
（交流会）ハンカチ落とし　等

昼休みにしたボールを穴に入れる遊びは楽しいよ。

運動会のパン食い競争が好き。

②友達が紹介した遊びをみんなで楽しみます。

支援のPoint! 実現できる状況づくり
友達から自分の好きな遊びに興味・関心をもってもらえるように、友達に遊び方を紹介しながら、繰り返し遊ぶ場面を設定します。

ここからボールを転がすよ。

この遊びは面白いね。

支援のPoint! 学びを価値付ける状況づくり
友達と遊ぶことに楽しさを感じることができるように、遊びながら友達の感想を取り上げて伝えたり、教師も一緒に遊びながら楽しい思いを伝えたりします。

学びを深める姿
友達と一緒に遊ぶ楽しさを感じ、進んで準備をしたり繰り返し遊んだりする姿

単元展開のPoint!
児童が紹介し合った遊びを通して「みんなで遊ぶと楽しい」「もっと遊びたい」などという思いの高まりを捉え、学習活動を展開します。

＜中盤＞遊び場を作ろう！遊ぼう！

③みんなで遊ぶ遊び場（遊園地）作りの相談をします。これまでの遊びの中から遊び場にしたい遊びを選んだり、遊び場に名前を付けたりします。

児童が相談しながら遊びを選んだり楽しい遊び場をイメージしたりできるように、これまで遊んでいた様子の写真を提示したり、公園や遊園地で遊んだ経験について問い掛けたりします。

ボール遊びを、またやりたいな。

遊園地みたいにしたいな！

「ハピネス遊園地」を作ろう！

※「ハピネス」は、学級のテーマとしている名称。

第 2 章　実践編

学習活動	支　援
④作ること，遊ぶことを繰り返しながら，遊び場（ハピネス遊園地）を完成させます。	〈児童が選んだ「ハピネス遊園地」の環境構成図〉

◇ひみつのパン食い
　運動会のパン食い競争を発展させた遊び。吊してある袋の中身は，秘密のカード。
◇ビューンすべり台
　マット遊びから考えて発展した遊び。友達と一緒にビューンと滑るのが楽しい。
◇さかみちボール
　友達と一緒にバランスボールを転がして，穴に入れる遊び。

◆「さかみちボール」の様子

〔プレイルーム〕

ひみつのパン食い

さかみちボール　　　ビューンすべり台

「大きなボールでやったら楽しいかな。」

支援のPoint! 実現できる状況づくり
児童が意欲的に遊び場を工夫することができるように，校内にある様々な用具を調べたり，実際に作って試したりする場面を設定します。

児童が遊び場（遊園地）を作ることをイメージできるように，イラストのマップを用意します。

「大きなボールが入るコースを作ろう！」

「楽しいコースができそうだよ！」

支援のPoint! 学びを価値付ける状況づくり
遊び場が「楽しかった」という思いを共有し，完成していく達成感を得られるように，各遊び場に「楽しかったシート」を用意します。そして，全員が楽しいと選んだときにマップに完成マークを付けていきます。

「みんなで遊べて楽しいな！」

「大きくしたアイデア最高だね！」

遊び場のマップ　　　　楽しかったシート

⑤完成した「ハピネス遊園地」で遊びます。

「私が竿を持つよ。みんな頑張れ！」

「ありがとう！みんな楽しく遊べるね。」

支援のPoint! 学びを価値付ける状況づくり
一緒に遊ぶ中で，自分から用具を準備するなどの役割を見付けて取り組んだり，友達に声を掛けながら遊んだりするなど，友達と一緒に楽しもうとする姿を即時的に称賛したり，毎時間の導入で紹介したりします。

学びを深める姿
友達と一緒に楽しめるように，進んで遊び場を考えて作ったり役割を見付けて取り組んだりする姿

単元展開のPoint!
児童が「ハピネス遊園地は楽しい」，「もっと遊びたい」などという思いで，進んで役割を見付けたりかかわりながら楽しんだりする姿を捉えて，終盤の活動に発展させます。

学習活動	支　援

<終盤>交流校の友達と私たちの遊び場で遊ぼう！

⑥交流校の友達に「ハピネス遊園地」を紹介します。

「楽しそう」と言っていたよ。早く一緒に遊びたいな。

交流校の友達と一緒に遊ぶ期待感をもつことができるように，「ハピネス遊園地」を紹介した動画を撮影して送ったり，交流校の児童の感想を映像で紹介したりします。

交流校の友達に遊び方を伝えながら遊ぶことができるように，グループ編成を工夫します。

⑦交流校の友達に，遊び方を伝えながら一緒に遊びます（交流会１回目）。
⑧次回の交流会に向け，遊び場を改善します。

コースを長くすると楽しいと思うよ。

コースを長く作ってみよう。

支援の Point! 実現できる状況づくり
交流校の友達のアイデアを遊び場に生かしたいという思いをもてるように，交流校の友達の考えをタブレットＰＣで紹介します。必要な用具や作るための時間を十分に確保し，児童の考えを踏まえながら児童と一緒に制作活動に取り組みます。

⑨改善した遊び場で遊びます（交流会２回目）。

この前よりも楽しいね！

楽しいね！もう一回やろう！

支援の Point! 学びを価値付ける状況づくり
交流校の友達が楽しんでいる姿や感想を取り上げ，自分たちが改善した遊び場を楽しんでもらえたことを伝えます。また，自分から準備をしたり交流校の友達に声を掛けたりする姿を振り返り称賛します。

> **学びを深める姿**
> もっと楽しく遊べるように，遊び場を改善したり，交流校の友達と進んでかかわったりして「ハピネス遊園地」で楽しむ姿

まとめ

１．学びを深めるための単元構成の工夫
・友達の好きな遊びを体験することから，友達と一緒に遊ぶことに関心をもてるようにしました。そして，「遊び場（ハピネス遊園地）を作って遊ぼう」という共通の目的の中で，遊び場の楽しさや満足感を十分に感じたところで，交流校の友達と一緒に楽しむ学習活動に発展させました。このように展開することで，進んで役割に取り組んだり，友達とかかわりながら遊んだりする姿を引き出すことができました。

２．学びを深めるための支援の工夫
○実現できる状況づくりについて
・児童の遊び場のイメージが実現できるように，作る，遊ぶを繰り返しながら教師と一緒に試行錯誤したことで，楽しい遊び場を作りたいという思いを高めることができました。
○学びを価値付ける状況づくりについて
・自分から役割を見付けたり友達に声を掛けたりする姿を即時的に称賛したり，活動の導入で紹介したりしたことで，友達と楽しもうとする姿を引き出すことができました。

第2章　実践編

中学部　1年　生活単元学習

宿泊学習を楽しもう～みんなおいでよ！　すなやま忍者屋敷！

単元設定の理由

　中学部では，例年，1泊2日の宿泊学習を敷地内にある日常生活訓練棟「すなやまの家」を使用して行っています。どの生徒も毎年楽しみにしている学部行事です。各学年で活動を分担し，レクリエーションや昼食等の内容を考え，準備をします。
　本単元は，宿泊学習に初めて参加する生徒たち（1年生）が，中学部全員の友達に楽しんでもらえるレクリエーションを企画・運営していく活動です。生徒たちの興味・関心の高いレクリエーションの活動を通して，役割を進んで果たそうとしたり，相手の考えや気持ちを受け入れながら取り組んだりする姿を引き出したいと考えました。

学びの価値　　　楽しさ　　　良さ　　　大切さ

　レクリエーションを楽しみたいという思い（楽しさ）
　友達に楽しんでもらえるように役割を果たしたいという思い（良さ）

単元目標

○宿泊学習の活動における役割を果たしたり友達とかかわりながら取り組んだりするための知識・技能を身に付ける。　　　　　　　　　　　　　　　　　　　　　　　　　　[知識・技能]
○友達に楽しんでもらえるように活動を考え，実践し，友達の考えや気持ちを受け入れながら取り組むことができる。　　　　　　　　　　　　　　　　　　　　　[思考力・判断力・表現力]
○友達に楽しんでもらいたいという思いをもち，進んで役割に取り組んだり友達に働き掛けたりすることができる。　　　　　　　　　　　　　　　　　　　　[主体的に学習に取り組む態度]

単元計画

展開	学習活動（時間）	ねらい
序盤 興味・関心を最大限に生かした学習活動	「宿泊学習のレクリエーションを考えよう」 （5時間）	・宿泊学習の活動に見通しをもち，楽しみたいレクリエーションを考えて発表したり，進んで実践したりする。 ・友達に自分の意見を伝えたり，考えを聞いたりして取り組みたい活動を選ぶ。
中盤 学びの価値を十分に感じることができる学習活動	「みんなで楽しいレクリエーションを作ろう！」 （5時間）	・みんなでレクリエーションを楽しみたいという思いをもち，進んで役割に取り組む。 ・自分の考えを伝えたり，友達の考えを受け入れたりしながら内容を相談して決めたり，準備したりする。
終盤 子供の発展的な思いに応える学習活動	「宿泊学習でレクリエーションを楽しもう」 （5時間）	・中学部全員の生徒に楽しんでもらいたいという思いをもち，他の生徒の考えや気持ちを取り入れながら内容を考え，準備に取り組む。 ・役割に自信をもち，進んで友達に働き掛けたり役割を果たしたりする。

> 授業の実際

学習活動	支　援

＜序盤＞宿泊学習のレクリエーションを考えよう

① 宿泊学習の内容に見通しをもちます。

		1日目	2日目
午前		開会式 買い物・昼食準備 （2・3年）／ レク準備（1年） 昼食	起床・身支度 朝食準備 朝食 清掃 閉会式
午後		レクリエーション 夕食準備・夕食 入浴・就寝	

宿泊学習の内容に見通しをもてるように，昨年の取組の様子を映像や写真で振り返ったり，今回の日程について説明したりします。

② レクリエーションの案を発表し合い，実際に友達と体験します。

考えを発表することができるように，絵や文章で紹介するワークシートを用意します。
◆生徒が考えた案の一部

※他には，
お化け屋敷，冒険，
カラオケ，しりとり
等

◆忍者ゲームをした様子

「忍者になって何するの？」

「忍法隠れ身術で隠れたい！ 忍者を探すんだよ！」

怖い話を書いた生徒のワークシート

忍者ゲームで使いたい武器を描いた生徒のワークシート

支援のPoint! 実現できる状況づくり
取り組みたいことのイメージが明確になるように，思い描いたことを丁寧に聞きながら実際に体験できるようにします。

③ 活動を振り返り，友達と相談して決めます。

「怖い忍者屋敷にするのはどう？」
「みんなの思いを入れた良いアイデアだね！」
「やりたい！」

支援のPoint! 学びを価値付ける状況づくり
いろいろな遊び方を知ることができるように，友達や教師の遊ぶ様子が見やすい配置にします。

学びを深める姿
宿泊学習のレクリエーションを進んで考え，体験しながら友達と相談して内容を決めていく姿

単元展開のPoint!
「みんなで作って楽しみたい」という思いを捉えて，生徒の発想を生かした学習活動を展開します。

第 2 章　実践編

学習活動	支　援

<中盤> みんなで楽しいレクリエーションを作ろう！

◆生徒が考えた「忍者屋敷」の流れと内容
1．忍者役と侍役を決める。衣装を着る。
2．忍者役は屋敷にわなを仕掛け，隠れる。（くもの巣，お化けのお面，ダンボール等）
3．侍役は忍者を探す（制限時間5分以内），見付けたら忍者をライトで照らす。
4．侍役が時間内に全忍者を見つけたら勝ち。

④「忍者屋敷」の内容を話し合い，ルールを決めたり，用具や衣装等を準備したりします。

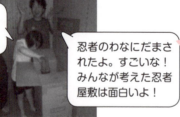

「何があると，侍は驚くかな？」
「くもの巣のわなはどう？」
「このくもの巣で侍を驚かすぞ！」

生徒が考えた「忍者屋敷」のアイデアを全員で共有できるように，イラストを板書したり画像を提示したりします。

支援のPoint! 実現できる状況づくり
生徒が考えた工夫を実現することができるように，生徒の話を丁寧に聞きながらイメージ図を書いたり，タブレットＰＣで調べる活動を取り入れ，イメージに近い用具等の画像を印刷したりします。生徒は具体的なイメージをもつことで，用具や衣装づくりに進んで取り組むことができます。

⑤「忍者屋敷」に取り組みます。

「あれっ？忍者がいないぞ！」
「忍者のわなにだまされたよ。すごいな！みんなが考えた忍者屋敷は面白いよ！」

生徒がルールや楽しみ方が分かるように，教師も侍役として一緒に活動を楽しみます。

支援のPoint! 学びを価値付ける状況づくり
レクリエーションが少しずつ楽しいものになっていることを実感できるように，生徒が考えて作った工夫を具体的に称賛しながら，教師も一緒に活動を楽しみます。

⑥活動を振り返ります。

「わなは最高だよ！」
「もっと怖いわなを作りたいな！」

楽しいレクリエーションにしようという意欲を高めることができるように，楽しかったことを紹介したり工夫したい点を相談したりする場面を設定します。

支援のPoint! 学びを価値付ける状況づくり
友達が考えたアイデアやみんなで作った用具等について感想を伝え合います。生徒は自分たちで考えて作った活動が楽しくなっていることに充実感や満足感を得て，活動への意欲を高めていきます。

学びを深める姿
みんなが楽しむための方法を考え，準備や役割に進んで取り組む姿

単元展開のPoint!
「宿泊学習で早く楽しみたい」という思いの高まりを捉え，他の学年とかかわりながら取り組む学習活動に発展させます。

学習活動	支援

<終盤>宿泊学習でレクリエーションを楽しもう！

⑦2，3年生に体験してもらい感想を聞きます。

「どうでしたか？」
「もっと怖いと面白いよ。」

2，3年生の友達に「忍者屋敷」を楽しんでもらいたいという思いをもてるように，招待する場面や直接感想を伺う場面を設定します
※体験時　1年生：忍者役，2,3年生：侍役

⑧感想を基に相談し，準備をします。

「怖いお化けをたくさん貼るぞ。」
「押し入れに布を張って隠れたらどうかな。」

2，3年生の感想を進んで工夫することができるように，感想で挙がったことをキーワード化して提示します。

活動に見通しをもって取り組めるように，予定表や役割の配置図などを提示します。

⑨宿泊学習で「忍者屋敷」に取り組みます。

「忍者はどこだ！」
「怖い仕掛けが面白いな！」

支援のPoint! 学びを価値付ける状況づくり
宿泊学習当日にレクリエーションを楽しんでいる様子を映像で振り返ったり2，3年生の感想を紹介したりします。自分たちで考えたレクリエーションを楽しんでもらえている嬉しさを友達と共有することで，活動への達成感や満足感を得られるようにします。

⑩宿泊学習の取組を振り返ります。

学びを深める姿
「みんなに忍者屋敷を楽しんでもらいたい」という思いをもち，進んでかかわったり役割に取り組んだりする姿

まとめ

1．学びを深めるための単元構成の工夫
・子供の興味・関心のある活動から，友達と相談しながら準備と体験を繰り返す活動に展開していくことで，レクリエーションを準備して楽しみたいという思いを高めることができました。さらに，他者から体験してもらう活動に発展させたことで，他者に喜んでもらいたいという思いを高め，自分からかかわったり役割を果たしたりする姿を引き出すことができました。

2．学びを深めるための支援の工夫
○実現できる状況づくりについて
・生徒の話を丁寧に聞きながら教師がイメージ図を書いたり，タブレットＰＣでアイデアを調べる活動を設定したりすることで，生徒は考えを具体化し，思いを実現することができました。
○学びを価値付ける状況づくりについて
・取組の様子を映像で振り返りながら称賛したり友達の感想を紹介したりすることで，活動への意欲を高めたり，友達と満足感や達成感を共有したりすることができました。

第2章　実践編

中学部　1～3年　作業学習（木工班）

良い仕上がりを目指せ！附属プランター！

単元設定の理由

　中学部では毎年，生活単元学習の中で「野菜を作ろう」という単元を行っています。今年も何を作ろうかと生徒たちと話をしたところ，「いちごを作りたい」という意見が出ました。そこで，「いちごを育てること」を作業学習に関連付けることで，「プランター製作」に興味・関心をもち，意欲的に取り組むことができると考えました。さらには，身近な人への頒布活動の取組に発展させることで，仕上がりの良さを意識しながら，思いを込めた製品づくりができると考え，単元を設定しました。

学びの価値

| 楽しさ | 良さ | 大切さ |

　担当する工程に取り組むことが楽しいという思い（楽しさ）
　喜んでもらえるようにプランターを作りたいという思い（良さ）

単元目標

○工具の安全な使い方や正確に取り組むための方法など，作業学習における基礎的な知識・技能を身に付ける。　　　　　　　　　　　　　　　　　　　　　　　　　　　　［知識・技能］
○仕上がりが良くなるように考え，正確さを意識しながら製品作りに取り組むことができる。
　　　　　　　　　　　　　　　　　　　　　　　　　　　　　　　［思考力・判断力・表現力］
○担当する工程の作業に自信をもち，製品を喜んでもらえるように進んで作業に取り組むことができる。　　　　　　　　　　　　　　　　　　　　　　　　　［主体的に学習に取り組む態度］

単元計画

展開	学習活動（時間）	ねらい
序盤 興味・関心を最大限に生かした学習活動	「いちごを育てるプランターを作ってみよう」 （5時間）	・プランター製作に興味・関心をもち，作業工程に見通しをもって取り組む。
中盤 学びの価値を十分に感じることができる学習活動	「丈夫なプランターを作ろう」 （15時間）	・丈夫な仕上がりにするためのポイントが分かり，担当する工程に進んで取り組む。
終盤 子供の発展的な思いに応える学習活動	「身近な人から喜んでもらえるようにプランターを作ろう」 （20時間）	・「身近な人に喜んでもらいたい」という思いをもち，仕上がりを意識しながら自信をもって取り組み続ける。

作業工程

本グループでは，以下の作業工程を分担して取り組んでいます。

1．ボルトの穴開け（卓上ボール盤）
2．資材磨き（ミニサンダ）
3．組み立て(1)（電動ドリル・インパクトドライバー）
4．組み立て(2)（ラチェット）

46

> 授業の実際

学習活動	支　援

<序盤>いちごを育てるプランターを作ってみよう

①プランター製作の目的をもちます。

「いちごを育てるために，プランターが作りたい！」

プランター製作に興味・関心をもてるように，生活単元学習の中で相談した「いちご作り」のことを取り上げ，いちごをプランターで育てる様子を写真で紹介しながら，いちご作りとプランター製作を関連付けます。

②プランター製作の作業工程を確認します。

「こうなっているのか…。自分たちにも作れるかな。」

プランター製作に見通しをもてるように，扱っている材料や部品，工程を確認させながら生徒と一緒に分解し，再び組み立てます。

③作業工程１～４を全て体験し，担当する工程を分担します。

④担当する工程に繰り返し取り組みます。
　＜組み立て(1)の様子＞
　プランターの脚部の製作
　・木材に８箇所のねじ穴を開ける。
　・木材を合わせてねじで締める。

生徒が安全に工具を扱い，落ち着いて体験できるように，教師がモデルや手順を示しながら一緒に作業に取り組みます。取組の様子から生徒の実態に合った工程を教師が選定します。

「ビニールシートを目印に穴を開ければいいんだな。できそうだぞ！」

支援のPoint! 実現できる状況づくり
作業工程に自分から取り組めるように一人一人に応じて手順表や補助具を用意します。組み立て(1)では，穴の位置が分かりやすいようにビニールシートのジグを用意します。

「自分たちでプランターを作れそうだね。早くいちごを植えたいね！」

学びを深める姿
製作活動に興味・関心をもち，担当工程に見通しをもって取り組む姿

単元展開のPoint!
「自分たちで作ることができそう」という思いを捉えて，実際に製作する学習活動へ展開します。

第2章
実践編
中学部
１～３年
作業学習

第 2 章　実践編

学習活動	支　援

<中盤>丈夫なプランターを作ろう

⑤繰り返しプランター製作に取り組み，完成したプランターの仕上がりを確認します。

良い仕上がりにする意識を高められるように，プランターの仕上がり具合を確認します。

「これらのプランターを比べてみるとどう？」

「こっちは，ガタガタするね。このねじが真っすぐに入ってないよ！」

支援の Point! 実現できる状況づくり
仕上がりの良い物と悪い物を用意し，実際に触りながら比較することで，担当する工程の留意すべき点に自分で気付くことを大切にします。また，生徒自身が良い仕上がりにするポイントを見付けられるように，取組の姿を映像で振り返ったり仕上がり具合を教師と一緒に確認したりしながら取り組みます。

⑥製作したプランターにいちごを植えます。

支援の Point! 学びを価値付ける状況づくり
もっとプランターを作りたいという意欲を高めることができるように，導入時にいちごが育っている様子の確認といちごの試食を行います。完成した際は，プランターに苗を植える活動を行いながら，達成感を共有します。

「良いプランターができたね。いちごが育てられるね。」

「このプランターだけだとあんまり食べられないね。」

「たくさんプランターを作ろうよ！」

「いただきまーす！おいしい！今日もプランターを作るぞ！」

⑦良い仕上がりにするポイントを意識しながら担当する工程に取り組みます。

「良い仕上がりにするポイントが意識できているね。友達に紹介しよう！」

組み立て(1)の良い仕上がりにするポイント
・ドライバーを両手で押さえること
・穴の中心にねじを打つこと
・肘を伸ばしてドライバーを使うこと

支援の Point! 学びを価値付ける状況づくり
良い仕上がりを意識しながら，自信をもって取り組むことができるように，仕上がり具合をチェック表で具体的に示して称賛したり，ミーティングで友達に紹介したりします。

学びを深める姿
製品の課題に気付き，改善しようと取り組む姿

単元展開の Point!
「良い仕上がりにできる」「もっとプランター作りに取り組みたい」という思いを捉えて，身近な人への頒布を目的とした学習活動へ発展します。

学習活動	支援

＜終盤＞身近な人から喜んでもらえるようにプランターを作ろう

⑧身近な人（教師や保護者）から注文を受けて，プランターを製作します。

「ねじがまっすぐで，丈夫なプランターになりそう！何に気を付けていますか？」

「肘を伸ばしてドライバーを使うようにしています。」

注文した方に届けることを意識できるように，注文した方の顔写真や納品日を教室内に掲示します。

支援のPoint! 学びを価値付ける状況づくり
プランターを受け取る方の存在を意識付けるように，製作している様子を見てもらう機会を設定します。生徒が取組に対して直接，承認・称賛を受けることで，仕上がりに対する意識や意欲を高めます。

⑨注文した方に完成した製品を直接渡します。

「丈夫なプランターに仕上がっていてすごいね！ベランダでお花を植えます。」

生徒が製作への自信や達成感をもてるように，注文した方から直接仕上がり具合を聞きます。

支援のPoint! 学びを価値付ける状況づくり
注文した方と直接やり取りすることで，実際に喜ぶ姿に触れられるようにし，自分の取組に対して自信をもてるようにします。また，注文した方が実際にプランターを使っている様子の写真を紹介することで，達成感を得られるようにし，意欲を高めます。

⑩身近な人がプランターを使っている写真を見たり，感想を聞いたりします。

「使ってもらえて嬉しいな！」

学びを深める姿
「喜んでもらえるプランターを作りたい」という思いをもち，自信をもって取り組み続ける姿

まとめ

1．学びを深めるための単元構成の工夫
・期待する生徒の姿を「製作活動に興味・関心をもつ」，「仕上がりを意識する」，「喜ばれる仕上がりを追求する」の三つの段階で捉え，学習活動を展開させることで，生徒が仕上がりに意識を向け，意欲的に取り組み続けることができるようになりました。

2．学びを深めるための支援の工夫
○実現できる状況づくりについて
・手順表や生徒の取組に合わせたジグを用意することで，生徒が工程に見通しをもち，進んで取り組むことができました。また，良い物と悪い物を比較する機会を設定することで，生徒が担当する工程で留意するべき点に自分から気付くことができました。
○学びを価値付ける状況づくりについて
・製作したプランターに作物を育てて実際に食べる機会や，身近な人がプランターを使ってくれている姿を紹介する機会を設定することで，生徒はプランターを製作する達成感が得られ，自分の取組に自信をもって取り組むことができるようになりました。

第2章　実践編

中学部1～3年　社会生活

おいしいうどんを食べよう！

題材設定の理由

　「社会生活」は，家庭や地域での生活に必要な学習をする教科等を合わせた指導の形態です。本実践におけるグループの生徒は，家族と一緒に買い物に行くものの，商品を選んだり支払いをしたりする経験が少なかったり，調理においても家庭でほとんど経験がなかったりします。これからの生活を豊かにしていくためには，買い物や調理などへの関心を高め，生活に必要な力を身に付けていくことが必要です。そこで，本題材は，どの生徒も好きなうどん作りをテーマに取り上げることで，買い物や調理への関心を高め，家庭での生活に必要な力を身に付けていくことを目指して設定しました。

学びの価値

楽しさ	良さ	大切さ

　好きなうどんを作って食べたいという思い（楽しさ）
　おいしいうどんを食べるために，買い物や調理をしたいという思い（良さ）

題材目標

○買い物でのお金の支払いや調理における材料を切る，煮るなど，基礎的・基本的な知識・技能を身に付けることができる。　　　　　　　　　　　　　　　　　　　　　　　　　　[知識・技能]
○必要な食材の買い物や調理の手順について，教師と一緒に確認しながら取り組むことができる。
　　　　　　　　　　　　　　　　　　　　　　　　　　　　　　　　　[思考力・判断力・表現力]

○買い物と調理に興味・関心をもち，教師と一緒に進んで取り組むことができる。
　　　　　　　　　　　　　　　　　　　　　　　　　　　　　　[主体的に学習に取り組む態度]

題材計画

展開	学習活動（時間）	ねらい
序盤 興味・関心を最大限に生かした学習活動	「うどんを作ろう」 （3時間）	・うどん作りの楽しさを感じ，見通しをもって教師と一緒に取り組むことができる。
中盤 学びの価値を十分に感じることができる学習活動	「好きな材料を買ってうどんを作ろう」 （6時間）	・おいしいうどんを食べるために，必要な食材を買いたい，作りたいという思いをもち，教師の支援を受けながら，模擬店で食材を選んで買ったり，進んで調理をしたりすることができる。
終盤 子供の発展的な思いに応える学習活動	「必要な材料を買って，お好みうどんを作ろう」 （13時間）	・おいしいうどんを食べるために，必要な食材を買いたいという思いをもち，教師の働き掛けを受けながら，スーパーマーケットで必要な食材を選び，おおよその金額で支払いをすることができる。 ・おいしいうどんを食べたいという思いをもち，進んで食材を準備し，教師の働き掛けを受けながら安全に包丁で切ったりすることができる。

50

> 授業の実際

学習活動	支　援

<序盤>うどんを作ろう

①教師と一緒に煮込みうどん作りをします。

活動に必要な材料や道具が分かるように，一つずつ具体物を見せたり，実際に触ったりしながら確認します。

七味をかけて食べたい。

ウィンナーも入れたい。

支援の Point! 実現できる状況づくり
うどんの出来上がりまでに見通しや期待感をもつことができるように，活動の流れを箇条書きにして，イラストと一緒に示したり，教師と一緒にうどんを作る工程を一つ一つ確認したりしながら取り組みます。

②うどんを試食します。

やったー！かまぼこが入ってる。

支援の Point! 実現できる状況づくり
調理に興味・関心をもつことができるように，煮込みうどんの材料に生徒が好きな食材を用意します。

学びを深める姿
うどん作りに見通しをもち，教師と一緒に進んで取り組む姿

題材展開の Point!
生徒の「自分の好きな食材を入れたうどんを作りたい」という思いの高まりを捉えて，欲しい材料を買う活動を取り入れた学習活動に展開します。

<中盤>好きな材料を買ってうどんを作ろう

③校内の模擬店で，自分の好きな食材の買い物をします。

支援の Point! 実現できる状況づくり
買い物に進んで取り組むことができるように，校内に生徒の好きな食材を並べた模擬店を設置します。模擬店の商品は，一人一人の生徒の課題に合わせた金額を設定します。

第2章
実践編
中学部
1～3年
社会生活

第2章 実践編

学習活動	支　援

「楽しみだね。」
「七味をうどんにかけて食べるぞ！」

支援のPoint! 実現できる状況づくり
買い物の仕方が分かるように，買う品物の一覧カードを基に商品を選んだり，財布から決まった硬貨で支払いをしたりする活動を設定します。

④材料を切ったり，量ったりして調理活動をします。

「こうやって，切るのか。」

支援のPoint! 実現できる状況づくり
材料を安全に切ることができるように，教師が目の前で手本を示したり，猫の手や切り方をイラストカードで確認したりします。必要に応じて教師が手を添えて一緒に切ります。

イラストカード

⑤うどんを試食します。

支援のPoint! 学びを価値付ける状況づくり
おいしいうどんを食べるために，買い物や調理をしたいという思いを十分にもつことができるように，一緒に試食し，これまでの活動の様子を振り返りながら，生徒の取組を称賛します。

学びを深める姿
おいしいうどんを食べるために，好きな食材の買い物や調理に進んで取り組む姿

題材展開のPoint!
生徒が進んで買い物や調理活動に取り組む姿を捉えて，調理するうどんの種類を増やし，生徒が好きなうどんを選んで作る学習活動に発展させます。

―― ＜終盤＞スーパーマーケットで必要な材料を買って，お好みうどんを作ろう ――

⑥3種類のうどんの中から，生徒が好きなうどんを選び，実際のスーパーマーケットで買い物をして作ります。
　(ア) きつねうどん，カレーうどん，もずく納豆うどんの中から好きなメニューを選び，スーパーマーケットで材料の買い物をする。
　(イ) 材料を切ったり，量ったりする。
　(ウ) 材料を合わせたり，鍋に入れて煮たりする。

支援のPoint! 実現できる状況づくり
家庭でも買い物や調理に取り組めるように，実際のスーパーマーケットで買い物をする場面を設定し，買い物カードを見ながら商品を探したり，一人一人の生徒の課題に合わせた金額の硬貨で支払いをしたりします。

学習活動	支　援

⑦うどんを試食します。

きゅうりが，薄く切ってあるね。上手に切ったね！

僕が切ったよ！　よく見たから上手に切れたよ。家でも作りたいな。

支援のPoint! 学びを価値付ける状況づくり
自分の取組に満足感を得られるように，取組の様子を写真や映像で振り返りながら称賛します。また，家庭に連絡帳で様子を伝え，取組を褒めてもらう働き掛けをします。

＜家庭との連携＞

家庭で実践することができるように，具体的な支援を記入したレシピを保護者に渡します。

支援の様子を書き込んだうどんのレシピ

学習したことを生かして，家族と買い物や調理をした様子を紹介し合います。

家庭で作ったうどんの写真

家でも，うどんを作りました！

学びを深める姿
好きなメニューのうどんを食べるために，必要な食材の買い物や調理に自分から進んで取り組む姿

> まとめ

1．学びを深めるための題材構成の工夫
・生徒の好きな食材を用いて，教師と一緒に取り組むことで，生徒は楽しそうにうどん作りに取り組む様子が見られました。そして，生徒が調理活動に見通しをもつことができたところで，校内に設置した模擬店で食材を買う活動を加え，買い物と調理活動が結び付くように活動を設定しました。さらに，家庭でも買い物や調理に取り組めるように，実際のスーパーマーケットで買い物をする場面や，家庭で作るためのレシピを用意し，好みに応じたうどんを作る活動を設定しました。

2．学びを深めるための支援の工夫
　○実現できる状況づくりについて
・生徒に応じて買い物の種類や調理活動の内容を設定しました。買い物では，校内の模擬店で買い物カードを基に商品を選び，財布から決まった硬貨で支払いをする活動に繰り返し取り組んだことで，実際のスーパーマーケットでの買い物でも，欲しい商品を探して買うことができるようになりました。調理活動では，手を添えて一緒に取り組んだり，イラストカードを用意して食材の切り方を伝えたりしたことで，活動の終盤には，ほとんどの生徒が教師の見守りや言葉掛けで取り組むことができるようになりました。
　○学びを価値付ける状況づくりについて
・買い物や調理活動への取組の中で，生徒がうどんを食べるために頑張っている姿を具体的に称賛したり，友達に紹介する場面を設定したりしました。また，家庭に取組の様子を連絡帳等で伝え，褒めてもらう働き掛けをしました。これにより，買い物や調理に自信をもって自分から取り組もうとする姿が見られました。

第2章　実践編

高等部　1〜3年　社会生活

楽しく体を動かそう！

単元設定の理由

　「社会生活」は，現在及び卒業後の「暮らす」「楽しむ」に関する生活場面で必要な力を身に付けることをねらいとした教科等を合わせた指導の形態です。
　本実践における生徒は，卒業後，主に福祉サービス事業所等で心理的・身体的な安定を図りながら働いたり，日中活動に参加したりすることを希望しています。また，体を動かす活動の幅が狭く，散歩などのいつも決まった活動にとどまってしまうため，支援者からは，体を動かす活動への興味・関心をどう広げられるかが課題として聞かれます。そこで，自分に合った体を動かす楽しみを増やすとともに，必要な支援を家族や支援者に引き継ぎながら，実生活の中で進んで体を動かしたいという思いをもてるようにすることを目指しました。

学びの価値

| 楽しさ | 良さ | 大切さ |

　自分に合った方法で体を動かしたいという思い（楽しさ）
　実生活の中で体を動かす活動を楽しみたいという思い（大切さ）

単元目標

○自分に合った活動の取組方が分かり，運動の仕方や運動器具の安全な使い方を身に付ける。
[知識・技能]
○取り組みたい活動や活動量を自分から選んで取り組むことができる。
[思考力・判断力・表現力]
○体を動かすことに興味・関心をもち，自分の好きな活動を見付けたり増やしたりして，進んで体を動かすことができる。
[主体的に学習に取り組む態度]

単元計画

展開	学習活動（時間）	ねらい
序盤 興味・関心を最大限に生かした学習活動	「様々な体を動かす活動に取り組もう」 （2時間）	・様々な活動を体験する中で，自分の好きな活動を見付ける。
中盤 学びの価値を十分に感じることができる学習活動	「好きな活動に進んで取り組もう」 （6時間）	・好きな活動に繰り返し取り組むことで，体を動かす楽しさを感じる。
終盤 子供の発展的な思いに応える学習活動	「スポーツジムに行こう」 （10時間）	・スポーツジムの中で好きな活動を選び，体を動かす楽しさを味わう。 ・スポーツ施設を利用し，休日等に体を動かす活動ができることが分かる。

> 授業の実際

学習活動	支　援

＜序盤＞様々な体を動かす活動に取り組もう

①様々な運動器具を使用して体を動かしたり，ダンスを踊ったりする活動に，交代しながら取り組みます。

> バランスボールに寝転ぶと気持ちいいな。

> 先生や友達と一緒にダンスをするのって，楽しいな。

②自分の好きな活動を見付けます。

> こうやって使うのか。面白いな。

好きな活動を見付けることができるように，個別の指導計画を活用して実態把握をし，生徒が興味・関心のある運動器具や活動を用意します。

〈用意した運動器具・活動〉

持久力	筋力	柔軟性
縄跳び，踏み台昇降，ダンス（アップテンポ，スローテンポ），フィットネスバイク，ランニングマシン	レッグエクステーション，レッグスライダー，腹筋マシーン，トレーニングベンチ	バランスボール，フラフープ，ストレッチ

支援の Point! 実現できる状況づくり

好きな活動を見付けることができるように，簡単な負荷に調整した運動器具を複数用意したり，取組方のモデルを示しながら教師や友達と一緒に取り組んだりします。

学びを深める姿
様々な運動器具や活動の中から，好きなものを見付け，繰り返し取り組む姿

単元展開の Point!
生徒の「この活動は楽しい。またやりたい」という思いの高まりを捉えて，学習活動を展開します。

＜中盤＞好きな活動に進んで取り組もう

③絵や写真を見ながら自分の好きな活動を選びます。

> 今日は，「フィットネスバイク」と「ダンス」をしようかな。

進んで体を動かすことができるように，生徒の好きな運動器具や活動を精選して，提示します。

支援の Point! 実現できる状況づくり
活動への見通しをもって取り組むことができるように，活動前にメニュー表を使って，取り組む活動を決める時間を設定します。

学習活動	支　援

④自分の好きな活動に取り組みます。

「たくさん足を上げることができてうれしい。もっと続けるぞ。」

支援のPoint! 学びを価値付ける状況づくり
好きな活動に継続して取り組むことができるように，一緒に回数を数えたり，取組に対して励ましや称賛の言葉掛けを行ったりします。また，取り組んだ回数や時間を記録表に付けていきます。

「すごい，これで10回目だよ。サッカーで，良いシュートが打てるね。」

「良い汗をかいたね。運動してみてどうかな？」

「体が軽くなった感じ。運動するとすっきりして，気持ちがいいな。」

支援のPoint! 学びを価値付ける状況づくり
運動をした後の心地良い疲れや達成感に気付けるように，運動による体の変化に意識を向けたり，運動した後の気持ちを確認したりする言葉掛けをします。

学びを深める姿
自分の好きな運動に進んで取り組み，運動回数や運動時間を増やしていく姿

単元展開のPoint!
「運動することは楽しい。気持ち良い」「もっと運動がしたい」という思いを捉え，実生活につなぐことができるように，学習活動を発展させます。

――― ＜終盤＞スポーツジムに行こう ―――

⑤地域にあるスポーツジムの利用に向けて，校内に模擬スポーツジムを設置し，自分の取り組みたい活動を選んで取り組みます。

スポーツジムで運動したいという思いを高めることができるように，会員証を使って受付をする機会を設定したり，生徒の好きな運動器具や運動プログラム（ダンス，ストレッチ等）を用意したりします。

「スポーツジムで運動するぞ。受付をお願いします。」

「いっぱい汗をかきたいから，フィットネスバイクを10分間取り組もう。」

運動効果表

支援のPoint! 実現できる状況づくり
自分に合った運動プランを考えることができるように，教師と一緒に運動効果表を見ながら，取り組む運動や時間等を選択します。

学習活動	支　　援

⑥活動後，自分の取組を振り返ります。

今日の運動は，燃焼度レベル3だね。やってみてどうだった？

支援のPoint! 学びを価値付ける状況づくり
運動した後の達成感や充実感を感じることができるように，チャレンジカードに取組の記録を付けたり，取組の様子を具体的に称賛したりします。

すごく疲れたけど，たくさん運動して楽しかったよ。次はもっと運動したいな。

⑦地域のスポーツジムで，自分に合った運動器具を選び，取り組みます。

学校よりもすごい運動器具があるぞ。ジムで運動するのも楽しいな。

支援のPoint!
実現できる状況づくり
学校での取組を実生活につなげていくために，学校と家庭との共通のチャレンジカードを用意し，スポーツ施設の利用後に記録を付けました。

会員証を作ったよ。今度は，休みの日に家族で来たいな。

学びを深める姿
実生活の中で運動をしていきたいという思いをもつ姿

〈休日〉
チャレンジカードを家庭に持ち帰り，休日にスポーツジム等に行って運動を楽しむ生徒の姿が見られました。

休みの日にも運動するって楽しいな。

> **まとめ**

1．学びを深めるための題材構成の工夫
・実生活の中で体を動かす活動に楽しみたいという思いがもてるように，まず，簡単にできる様々な運動器具や生徒が興味をもって取り組めるダンスなどを用意し，自分に合った活動を選んで，教師と一緒に取り組むことができる活動を設定しました。そして，スポーツジムを実際に利用する活動に発展させ，実生活で楽しみたいという思いにつなげました。

2．学びを深めるための支援の工夫
　○実現できる状況づくりについて
・様々な運動器具を用意し，チャレンジカードを使って自分に合った運動プランを教師と一緒に立てることで，体を動かしたいという思いをもてるようになりました。
・自分に合った運動時間や難度を調整することで，体を動かす楽しさを感じることができました。
　○学びを価値付ける状況づくりについて
・運動による体の変化に意識を向けたり，運動した後の気持ちを確認したりする言葉掛けをすることで，体を動かす楽しさを味わうことができました。さらに，チャレンジカードに取組の記録を付けたり，取組への評価をしたりすることで，運動した後の達成感や充実感を感じることができました。

第2章　実践編

高等部　1〜3年　職業生活（一般就労を目指すグループ）

清掃にかかわる作業に取り組もう

単元設定の理由

　「職業生活」は，卒業後の進路や生徒の課題に応じて，三つのグループに分かれ，働く力を身に付ける指導の形態です。一般就労を目指しているグループの生徒は，校内では与えられた仕事に自分から取り組みながら，働く力を身に付けています。一方で，職場体験や職場実習など，校外での活動になり環境が変わると，自分から行動できず，身に付けた力を発揮することが難しい実態があります。

　そこで，仕事の順序が決まっていて見通しをもちやすい「清掃業」を取り上げ，企業で働く上で重視されること（「正確性」「時間」「挨拶」）を踏まえた学習活動を設定します。「正確性」「時間」「挨拶」の力を校内で身に付け，校内外のたくさんの委託清掃を通して，「依頼者から喜んでもらえるように，正確性・時間・挨拶を頑張ろう」「働く上で，正確性・時間・挨拶は必要だ」と実感できる単元を設定しました。

学びの価値　　　楽しさ　　　良さ　　　大切さ

　依頼者から喜んでもらえるように，「正確性」「時間」「挨拶」を意識して作業しようという思い（良さ）

　「正確性」「時間」「挨拶」を意識することは，働く上で必要なことだからやろうという思い（大切さ）

単元目標

○清掃用具を正しく扱いながら，拭き残しなく（正確性）時間内に清掃する（時間）力や，仕事中にすれ違った人に自分から挨拶する（挨拶）力を身に付ける。　　　　　　[知識・技能]

○ごみを残さずに限られた時間内で清掃を終えるための方法を考え，どの場面でも求められる精度やスピードで取り組むことができる。　　　　　　　　　　　　[思考力・判断力・表現力]

○「正確性」「時間」「挨拶」を意識しながら，自分から進んで清掃に取り組むことができる。

　　　　　　　　　　　　　　　　　　　　　　　　　　　　　　　[主体的に学習に取り組む態度]

単元計画

展開	学習活動（時間）	ねらい
序盤 興味・関心を最大限に生かした学習活動	「格好良く清掃しよう」 　　　　　　　　　（9時間）	・清掃業に興味をもち，目指す清掃する姿を明確にする。 ・清掃用具の正しい扱い方を身に付ける。
中盤 学びの価値を十分に感じることができる学習活動	「依頼者から喜んでもらえるように清掃をしよう」 　　　　　　　　　（9時間）	・仕事をする上で心掛けること（「正確性」「時間」「挨拶」）を知り，それを身に付けるために校内の委託清掃に取り組む。
終盤 子供の発展的な思いに応える学習活動	「地域の人たちから喜んでもらえるように清掃をしよう」 　　　　　　　　　（10時間）	・働く場所が変わっても，身に付けた力を発揮するために，校外の委託清掃に取り組む。

> 授業の実際

学習活動	支　援

＜序盤＞格好良く清掃しよう

①学校の職員から依頼された校内清掃に取り組みます。

「階段の清掃って，雑巾掛けでいいのかなぁ…」

「この道具って，どうやって使うのかなぁ…」

②清掃用具（自在ぼうき，モップ，ダスタークロス）を用いて，格好良く（正しい持ち方で姿勢良く）清掃する練習に取り組みます。

「格好良い持ち方は…」

「格好良い両手の幅はどうだった？」「肩幅だから，もう少し右手の位置が上かな。」

③再度，職員から依頼された校内清掃をし，取組を振り返ります。

自分たちの取組の結果が分かるように，依頼した職員から評価をもらう場面を設定します。

「仕事としての清掃じゃないなぁ。40点！」「どうすればいいのかなぁ」

目指す清掃する姿を明確にできるように，清掃業の方や教師の清掃を見る場面を設定します。

「自分もあんな風に格好良くやりたい！」

格好良く清掃することができるように，練習の動画を見ながら，一人一人にどの部分を修正したら良いか聞きます。

「もっと持ち方を工夫すると，格好良くなるかも！」

支援のPoint! 実現できる状況づくり
自分の課題が分かるように，生徒の作業動画を見ながら，清掃用具の持ち方についてポイントを絞って説明し，気付きを促します。

格好良く清掃できたか分かるように，用具ごとにテストを実施し，合格者に認定証を渡します。

「モップ合格！おめでとう！」「やった！ダスタークロスも上手になりたい！」

「最初よりも清掃する姿が格好良くなったね！」

学びを深める姿
格好良く清掃するための持ち方や姿勢を考え，自分から練習や清掃に取り組む姿

単元展開のPoint!
「最初の清掃よりも良くなった」「さらに良い清掃がしたい」という思いの高まりを捉えて，学習活動を展開します。

第2章 実践編
高等部
1〜3年
職業生活

第 2 章　実践編

学習活動	支　援

＜中盤＞依頼者から喜んでもらえる清掃をしよう

④さらに良い清掃をするために，何を心掛けて清掃をすれば良いか考えます。

「そうだったのか！分かったぞ！」

仕事をする上でのポイントが分かるように，清掃を仕事にしている卒業生にインタビューをする場面を設定します。

「大事なことは「ごみを残さず（正確性）時間内に終える（時間）」「自分から挨拶する（挨拶）」ことです。」

自分たちが仕事をする上でのポイントができていたか分かるように，序盤の最後の校内清掃を動画で振り返ります。

「人が通っていることに気付いていない…」

「こんにちは！」

⑤「正確性」「時間」「挨拶」を心掛けた校内清掃に取り組みます。

教室清掃（25 分以内）
1．机や椅子の搬出
2．ダスタークロス掛け
3．モップで水拭き
4．机や椅子の搬入　復元

廊下清掃（25 分以内）
1．ダスタークロス掛け
2．モップで水拭き
※通り掛かった人に自分から挨拶

支援の Point! 実現できる状況づくり
動画を見て気付いた必要な力（挨拶など）を身に付けることができるように，廊下清掃で意図的に職員が多く通るようにするなど，課題に応じた場面を意図的に設定します。

「あなたはフロアを隅々まで奇麗にしてくれました！」

⑥再度，職員から依頼された校内清掃をし，取組を振り返ります。

「重ね拭き（正確性）を意識して清掃したら，奇麗になったって言って喜んでもらえた！」

支援の Point! 学びを価値付ける状況づくり
「依頼者に喜んでもらえるように，正確性・時間・挨拶を頑張ろう」という思いをもてるように，依頼者が生徒一人一人に良かった点を伝えます。

学びを深める姿
「正確性・時間・挨拶」を心掛ける大切さに気付き，自分で考えながら清掃に取り組む姿

単元展開の Point!
「依頼者に喜んでほしい」という思いの高まりを捉えると共に，身に付けた「正確性・時間・挨拶」の力をさらに発揮できる学習活動に発展させます。

60

学習活動	支　援

＜終盤＞地域の人たちから喜んでもらえる清掃をしよう

⑦依頼された校外清掃に取り組みます。

> 1．清掃場所に行って，下見をする。
> 2．学校で清掃計画を立てる。
> 3．清掃活動に取り組む。
> 4．依頼者に報告する。
> 5．学校でミーティングをする。

学校で心掛けてきたことが，清掃をする上で必要であることが分かるように，清掃業の方にインタビューをする活動を設定します。

> 気持ち良く使ってもらえるように，「速く奇麗にすること」「お客様に挨拶すること」が大事です。

自分たちの取組の結果が分かるように，依頼者から評価を受ける場面を設定します。

> （時間までに終わらないと，お客様が困る！）会議室とフロアで分かれて清掃しよう！

> ここでもごみが残らないように，拭き残しなく清掃しよう！

> 約束の時間内で奇麗になった！ありがとう！利用する方への挨拶も気持ち良かったです！

学びを深める姿
校外での清掃でも「正確性・時間・挨拶」を心掛けて，仲間と相談して分担したり，場所に応じて清掃の仕方を工夫したりして取り組む姿

支援のPoint! 学びを価値付ける状況づくり
校外のたくさんの人から「正確性・時間・挨拶」を重ねて評価されることで，「仕事をする上で，正確性・時間・挨拶は必要だ」という思いにつなげていきます。

＜単元終了後の職場実習＞

> 速く丁寧に野菜を袋詰めして売り場に並べよう！

> （仕事中でも周りを見てお客様に挨拶しよう）いらっしゃいませ！

まとめ

1．学びを深めるための単元構成の工夫
・清掃業の方や教師の清掃を見ることで，清掃業に関心をもてるようにし，「依頼者に喜んでもらえるように正確性・時間・挨拶を頑張ろう」という思いを捉えながら，校内から校外への清掃に発展させました。

2．学びを深めるための支援の工夫
○実現できる状況づくりについて
・自分の清掃を動画で見てどのように取り組めば良いかを考える場面や，「正確性・時間・挨拶」を意識して取り組むことができる場面を意図的に設定することで，三つの力を身に付けることができました。
○学びを価値付ける状況づくりについて
・清掃後に依頼者から三つの力についての評価をもらったり，その後のミーティングで一人一人の取組の良い点を振り返ったりすることで，三つの力の大切さを実感していくことができました。

第2章　実践編

> 高等部1〜3年　総合的な学習の時間

自己の生き方を考えよう－プレ社会人プロジェクト(PSP)Ⅰ期－

単元設定の理由

　高等部の生徒は，「素敵な社会人」を合い言葉に，日々の学習活動に取り組んでいます。しかし，「素敵な社会人」が自分にとってどのような社会人なのか，また，卒業後に何をしたいのかなどを具体的にイメージできず，高等部で頑張っていることが卒業後の生活につながっていることを理解できない生徒も多いです。そこで，自分の夢（卒業後にしたいこと）や，夢をかなえるために学校生活で何を頑張れば良いのかを総合的な学習の時間で考え，年間を通して高等部の授業に目的意識をもちながら意欲的に取り組むことができるようにしたいと考えました。
　本単元では，前単元「夢を語ろう」で考えた夢に対し，「夢をかなえたい」という思いをもって取り組みます。また，これまでの学習（職業生活や社会生活などの指導の形態）の成果と課題を振り返る中で自分の目標を立て，その目標の達成に向けて取り組むことができるような学習活動を設定します。

学びの価値

　楽しさ　　　良さ　　　**大切さ**

　将来の生活における夢をかなえたいという思い

年間計画

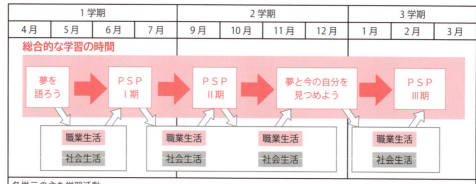

各単元の主な学習活動

「夢を語ろう」「夢と今の自分を見つめよう」
○自分の夢（卒業後にしたいこと）を考えます。
○今までの自分の生活を振り返り，成果と課題を考えます。
○夢をかなえるために，これからの学校生活で頑張りたいことを考えます。
　※「夢と今の自分を見詰めよう」では，見学や体験等の活動を重点的に取り入れながら学習活動を展開します。

「ＰＳＰ（プレ社会人プロジェクトⅠ・Ⅱ・Ⅲ期）」
各期の単元では，「準備期」「実践期」「まとめ期」を設定します。
「準備期」……職業生活や社会生活の学習の成果と課題を振り返り，実践期に向けて「働く」「暮らす」「楽しむ」
（序盤）　　　の三つの生活場面について目標を立てます。
「実践期」……「社会人生活ウイーク」と称し，自己の目標達成に向けて，社会人になったつもりで卒業後の進路
（中盤）　　　を見据えた職場実習や校内実習，自宅での生活に取り組みます。
「まとめ期」…　実践期の成果と課題を振り返ったり，自分の夢や生き方について考えたりしながら，今後の目標
（終盤）　　　を立てます。

単元目標

○社会人としての働き方や暮らし方を知る。　　　　　　　　　　　　　　［知識・技能］
○学校生活での成果や課題，自分の目標について考えたり，目標達成に向けてどうすれば良いか
　を考えながら取り組んだりすることができる。　　　　　　　　［思考力・判断力・表現力］
○卒業後の生活を見据えて，「夢をかなえたい」という思いを高めながら，前向きに取り組むこ
　とができる。　　　　　　　　　　　　　　　　　　　　　　［主体的に学習に取り組む態度］

単元計画

展開	学習活動（時間）	ねらい
序盤 興味・関心を最大限に生かした学習活動	「今の自分を振り返ろう（準備期）」 （10時間）	・自分の夢と照らし合わせながら，職業生活や社会生活などの授業を振り返り，実践期の目標や，実践期で取り組む校内実習先（三つの模擬事業所）を考える。
中盤 学びの価値を十分に感じることができる学習活動	「社会人としての生活に取り組もう（実践期）」 （15時間）	・三つの校内実習先（模擬事業所）に分かれ，目標達成に向け，卒業後を想定した生活を通して，達成度を振り返ったり，達成するための方法を考えて実践したりする。
終盤 子供の発展的な思いに応える学習活動	「さらに一歩前に進もう（まとめ期）」 （6時間）	・実践期を振り返る中で，自分の夢を考え直したり，今後の目標を立てたりする。

授業の配慮事項

模擬事業所名	卒業後の想定，仕事内容	一日の流れ
株式会社 「西大畑清掃社」	◆一般就労 「企業でバリバリ働きたい」 <仕事内容> ・校内外の委託清掃	8：40～12：10　朝礼，校外の施設清掃 12：10～13：10　昼食・休憩 13：10～15：10　校内清掃 15：10～15：30　終礼
就労支援事業所 「プロセス」	◆福祉的就労（就労継続支援B型） 「自分のペースで働きたい」 <仕事内容> ・タオルクリーニング ・文書封入などの事務補助	9：00～ 9：20　朝礼 9：20～10：30　仕事 10：30～10：45　休憩 10：45～11：50　仕事 12：10～13：20　昼食・休憩 13：20～14：30　仕事 14：30～15：30　清掃，振り返り，終礼
西大畑福祉会 「すまいる」	◆福祉的就労（生活介護） 「穏やかにゆったり活動したい」 <活動内容> ・リサイクル作業 ・日中活動（散歩，調理，創作）	9：10～ 9：25　朝礼，体操 9：25～10：20　仕事 10：20～10：50　休憩 10：50～12：00　仕事・後片付け 12：00～13：30　昼食・休憩 13：30～14：30　日中活動 14：30～15：30　振り返り，終礼

※いずれかの事業所に所属し，実践期の活動に取り組みます。
※2・3年生はPSP I・Ⅱ期，1年生はⅡ期に職場実習を行います。

第2章
実践編
高等部
1～3年
総合的な
学習の時間

第2章 実践編

> 授業の実際

学習活動	支援

<中盤>今の自分を振り返ろう（準備期）

①実践期の取組について知ります。

実践期で取り組む三つの校内実習先の一日の生活が分かるように，グループの活動を表で示します。

「社会人になったつもりで，三つのグループに分かれて生活します。」

「社会人の生活？三つのグループ？」

「一日バリバリ働くグループや，余暇活動があるグループがあるんだね。どこにしようかなぁ。」

支援のPoint! 実現できる状況づくり

前単元「夢を語ろう」でもった「夢をかなえるために頑張ろう」という思いをつなげることができるように，PSPを頑張って夢をかなえた卒業生のインタビューを動画や写真で紹介し，実践期への意欲を高めていきます。

②これまでの学習や生活を振り返り，実践期の目標（仕事面と生活面）と校内実習先を決めます。

「この先輩は，PSPを3年間頑張って，企業に就職する夢をかなえました！」

「夢をかなえたい！PSP頑張るぞ！」

適切に目標を設定できるように，個別にこれまでの学習を振り返ります。

「職業生活の仕事の写真なんだけどどう？」

「寝ぐせがあるから，社会生活で習ったことができるように，身だしなみが目標かな。」

「よそ見をしている写真がたくさんある。最後まで集中して取り組むことを目標にしよう！」

「自分のペースで働きたいから，この校内実習先が自分に合っているかな。」

支援のPoint! 実現できる状況づくり

生徒と教師の面談で，写真を提示したり，聞き取りをしたりすることを通して，自己理解を深め，実践期での目標設定を自分でできるようにしていきます。

学びを深める姿
これまでの学習や生活を振り返る中で，自己の課題を考え，実践期の目標を進んで立てる姿

単元展開のPoint!
実践期に向けた目標設定をし，「夢をかなえるために頑張りたい」という思いが高まってきた姿を捉えて，学習活動を展開させます。

64

学習活動	支　援

＜中盤＞社会人としての生活に取り組もう（3週間の実践期）

③三つの校内実習先に分かれて，それぞれの活動に終日取り組みます（月曜～木曜）。

「目標を達成できるように，時間いっぱい集中して頑張ろう！」

④学級で，目標達成への取組を振り返ります（金曜）。

「仕事は正確にできましたか？」

「午前はできました。来週は午後も集中して頑張ります。」

「今週は「すまいる」で生活したけど，もっと仕事を頑張りたい。来週は「プロセス」で仕事をしたいです。」

「来週からチャレンジしてみよう！」

目標を意識して取り組むことができるように，一日の始まりや終わり，仕事の前後など，目標を確認する場面を何度か設定します。

◆作業前

「午後の仕事は何を心掛けますか？」 「疲れてきても，元気良く最後まで頑張ります！」

◆終礼前

「帰ったら何をしますか。」 「すぐに明日の準備をします。」

適切に振り返り，次週の活動への意欲を高めることができるように，取組の写真を用いたり，個別で聞き取りをしたりして振り返ります。

「落ち着いてみんなと過ごせる時間がこんなに増えた！」  「すばらしい！来週も頑張ろう！」

支援のPoint! 学びを価値付ける状況づくり
自分で振り返ることができるように，毎日の実習日誌や取組の写真，動画を用いて個々に振り返ります。生徒自身が成果や課題に気付くことで，今後の活動でより自分で意識して取り組むことができるようにします。

支援のPoint! 実現できる状況づくり
一週間の取組を振り返る中で，自分に合った働き方や生活の仕方を考えられるようにし，その思いを実現できるようにします。

学びを深める姿
自分の課題に気付き，目標を達成するための方法を自分で考えて取り組む姿

単元展開のPoint!
社会人としての生活を十分に体験し，「こんなに仕事を頑張れた」「社会人の生活が分かった」などの思いを捉えて，今後の生活で頑張りたいことを明確にしていく学習活動に発展します。

第2章　実践編

学習活動	支　援

<終盤> さらに一歩前に進もう（まとめ期）

⑤学級で実践期の取組を振り返ります。

「一日働くって大変だったな…」

実践期の取組を振り返ることができるように，実習日誌や写真などを用いて，個別で聞き取ります。

「この目標はどうだった？」

「集中して最後まで取り組むことができる日が増えた！でも水曜や木曜になると，疲れて手が止まっていたな…」

⑥これからの生活で頑張ることを考えます。

「注意されても，落ち着いて仕事できるようになりたい！」

「自宅での生活は何を頑張りたい？」

「リフレッシュできる方法をもっと増やしたい！」

「『正確性』と『声掛け』この二つから，これから頑張りたいことは何？」

「もっと正確に仕事ができるようになりたい！」

支援のPoint! 学びを価値付ける状況づくり
実践期での成果と課題から，今後の目標を自分で立てられるように，個別に聞いたり，選択肢を設けたりして思いを引き出します。

学習活動	支　援
⑦自分の夢を改めて考え，発表会をします。	今後の生活に意欲をもって過ごすことができるように，発表した夢を承認し，生徒同士で夢を認め合う場面を設定します。

テーブルに並べられた「働く」「暮らす」「楽しむ」にかかわる内容が書かれたカードから，自分の夢（卒業後にしたいこと）を選びます。

仕事の夢がたくさん増えたよ！これからの職業生活を頑張りたい！

この仕事をやってみたい！

ＰＳＰをして，夢が広がってきたね！これからも頑張ろう！

サッカーは卒業後も続けたいな！

支援のPoint! 学びを価値付ける状況づくり
何のためにこれからの学校生活を頑張るのかを確認し，「夢をかなえるためにこれからの学校生活では○○を頑張ろう」という思いにつなげていきます。

学びを深める姿
実践期の成果と課題を自分で振り返り，夢をかなえるためにこれからの生活で頑張りたいことを明確にしていく姿

> まとめ

1．学びを深めるための単元構成の工夫
・前単元「夢を語ろう」でもった「夢をかなえるために頑張ろう」という思いを基に，まずは，職業生活や社会生活などの他の指導の形態の取組から自分で目標を立てました。そして，社会人としての生活を十分に体験しながら自己を振り返り，夢をかなえるためにこれからの生活で頑張ることを明確にしていけるように，学習活動を展開しました。

2．学びを深めるための支援の工夫
　○実現できる状況づくりについて
・夢をかなえた卒業生を紹介する場面を設定することで，「夢をかなえるために頑張ろう」という思いをもつことができました。
・個に応じて取組の写真を提示したり，個別で聞き取りをしたりすることで，今までの取組を振り返りながら，自分で目標を設定することができました。
　○学びを価値付ける状況づくりについて
・実習日誌や取組の写真，動画を用いて個々に振り返りをすることで，生徒自身が成果や課題に気付くことができました。

Column 2

充実した学校教育のための後進の育成

　2007年より特別支援教育が始まり，10年が過ぎました。小学校を始め，教育現場でも特別な支援を必要とする児童生徒に注目が集まり，それに伴って，特別支援教育体制構築の推進もなされてきています。また，2012年の中央教育審議会特別委員会報告の「共生社会の形成に向けたインクルーシブ教育システム構築のための特別支援教育の推進」では，共生社会に向けて，インクルーシブ教育システム構築のために，特別支援教育が着実に推進されることで，障害がある子供においても，そうでない子供においても良い効果をもたらすことができると記述されています。

　このインクルーシブ教育システム構築を進める上での施策の一つとして，同報告では「特別支援教育を充実させるための教職員の専門性向上等」を挙げています。このことについては，特別支援学校で在職している教員のうち，特別支援学校の教諭免許状の取得率は約7割となっていて，専門性を早急に担保する必要があります。特に，現職教員については免許法認定講習等の取り組みを進め，取得率の向上が必要とされています。一方，インクルーシブ教育システムの構築のためには，特別支援学校教員だけではなく，「すべての教員は，特別支援教育に関する一定の知識・技能を有していることが求められます。特に発達障害に関する一定の知識・技能は，発達障害の可能性のある児童生徒の多くが通常の学級に在籍していることから必須である。」と示され，このことについては教員養成段階で身に付けることが適当であると先の報告で記述されています。

　また，医療の進歩や社会の変化により，障害の多様化・重度化や様々な特別な教育的ニーズを持つ子供たちが増えてきていることから，教員養成を担う大学においては，特別支援教育の専門性を有するだけでなく，目まぐるしい社会の変化の中に対応する力も持った人材を輩出することが求められており，大学での教育の充実も重要な課題になっています。

　こうした課題に対して，新潟大学教育学部特別支援教育専修においては，大学の講義等での学びと小学校や特別支援学校等の教育現場での指導・支援の関連付けた理論と実践の融合による特別支援教育の専門性の向上を目指したカリキュラムの充実と，学校を取り巻く地域を含めて起こりうる課題へ幅広く柔軟に対応できる力を持つ人材育成を目的とした教育を目指しています。

新潟大学教育学部特別支援教育専修

准教授　**渡邉　流理也**

第3章

発達障害通級指導教室について

1　当校の発達障害通級指導教室について

　読み書き計算等や人とのかかわりに困難のある子供が，進んで学習に取り組んだり人とかかわったりできるように，丁寧に指導・支援を進めていく必要があります。
　当教室では，こうした子供の課題に応じて二つの教室を設定し，その子らしさを認めながら，その子の力が十分に発揮されるように，教育活動を行っています。

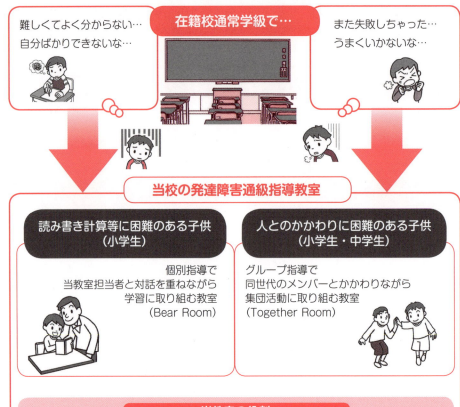

2 二つの教室（Bear Room と Together Room）の特徴
Bear「成果が実る」，Together「一緒に活動しよう」の願いを込めました。

（1）Bear Room ～自分の「強み」を生かせるように～

> ★当教室での「強み」とは
> 心理検査等で把握した子供の優位な力や，行動観察等で把握した，子供が習得していることや得意としていること

　読み書き計算等に困難のある子供は，困難なことを頑張り続けて成果よりも苦しい思いが強くなって挫折していたり，閉じこもりがちになっていたりします。

　このような子供が進んで学習に取り組んでいけるようにするためには，自分自身にとって学びやすい方法を見付けていくことが大事です。

　そこで，Bear Room では，子供の実態を諸検査や学習の様子から丁寧に捉え，「強み」が生かせるように学習活動を工夫します。その中で，子供と対話を重ねながら，子供に合った学び方を探り，子供に自分の「強み」に対する気付きを促します。同時に，学びを支える連携を図り，子供が様々な学習場面で自分の「強み」を生かしながら，主体的に学習に取り組んでいけるようにします。

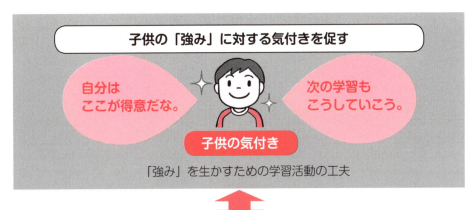

（2）Together Room　～人とかかわる楽しさを味わえるように～

　人とのかかわりに困難のある子供は，友達とかかわりたいと思っていても，集団の中でうまくかかわれない経験ばかりが積み重なっていたり，客観的に自分の行動を見詰められなかったりします。そして，かかわることに自信や意欲をなくし，次第に人と距離を置くようになってしまう子供も少なくありません。

　このような子供が進んで人とかかわっていけるようにするためには，かかわり方を学び，実際に伝え合う体験的な活動を通して，人とかかわる楽しさを味わえるようにしていくことが必要です。

　そこで，Together Room では，同世代の子供（2～5人）で楽しみながらかかわることのできる活動に取り組みます。その中で，子供が，伝え方を工夫したり相手の話に耳を傾けたりできるようにし，互いに認め合える経験を重ねることを大切にします。人とのかかわり方やかかわる楽しさへの気付きを促し，人とかかわることへの自信や意欲を高められるように指導します。

Bear Room

Together Room

3 連携した支援体制をつくるために

　子供が在籍校で主体的に学校生活を送るためには，当教室，在籍校，家庭の三者で連携していくことは欠かせません。そこで，当教室では，保護者，在籍校の担任や特別支援教育コーディネーターと行う支援会議で作成した個別の指導計画を基に，三者がそれぞれの場面で子供の支援を行う体制をつくり，連携しながら子供の実態に合わせて指導・支援を進めます。支援会議は定期的に設定し，子供についての情報交換や個別の指導計画の評価・改善を行い，指導・支援に生かします。

　日々の取組については，三者で連絡ファイルを通じて情報交換を行います。それぞれの場面での子供の様子を，子供本人も含めて共有します。当教室担当は，子供の気持ちや現状を把握し，明らかになったことを在籍校や家庭に伝えて，各取組をサポートします。このように，三者が子供の気持ちに寄り添いながら，子供に対して同じ方針で指導・支援を進めます。

当教室

- ・支援会議を定期的に設定
- ・個別の指導計画を基にした取組
- ・連絡ファイルを使った情報交換

子供を中心とした指導・支援

在籍校
学級担任
特別支援教育 Co

家庭

Column 3

Universal Design for Learning Guideline と新学習指導要領

　2007年，特殊教育から特別支援教育にかわり，通常学級に在籍する支援が必要な子どもが注目され始めた。通常学級の授業の構成や進め方，評価，配慮の仕方などによって，子どもの学びやすさ，居心地のよさが変わることが分かってきたからだ。

　一方，米国のCAST（障害のある子どもの学びに関する研究機関）では，1990年代から子どもの多様性に焦点をあてた学び方を実現する研究を続けていた。その内容をUniversal Design for Learning Guidelineとしてまとめ，発表したのが2008年である。特別支援教育の視点から通常学級の授業に関心のあった多くの人が，この概念に賛同し，それぞれの立場で考えるユニバーサルデザイン化を提案するようになった。この動きは各地に広がり，全国の教育センターや実践者などが作成したチェックリストや著作物などが公開された。また，それに沿った実践がさらに広まった。

　ところで，新学習指導要領では，予測困難なこれからの時代において，「学びに向かう力・人間性」「生きて働く知識・技能」「思考力・判断力・表現力」の育成が求められている。その要が「主体的・対話的で深い学び」の実現である。

　CASTのUDLの3つの枠組「取組・提示（理解）・行動と表出のための多様な方法」は，学習指導要領の3つの目標と重なり，「どのように学ぶか」という学習者の主体性を大事にしている。しかも，CASTによる脳科学，認知心理学，発達心理学，学習心理学などの長年の研究に基づいた科学的根拠のある枠組なのである。科学的根拠のある方法に基づいて実践・省察を続けることは，これからの教師に求められる力量の一つである。

　CASTのUDLの枠組の最大の特徴は，子どもがうまく学べない原因を子ども自身に求めないことである。多様な子どもがいることを前提に，カリキュラム（教育の目標・方法・教材教具・評価）の改善を図ることで，誰もが学べる学習環境を提供し，主体的・効果的に学び続けることができる学び手を育成することを目指している。

　全く新しい概念のようにも思えるが，よく読んでみると，我々がすでに日常的に実践している内容がかなり含まれている。そこを探り，自覚して，日常の実践に自信をもちたい。一方，実践はしているが無自覚であったり，偶然であったりして，効果的でない実践も多い。UDLガイドラインへの理解を深め，意図的に実践できれば，学習指導要領の目指す子ども像の実現に効果的に迫ることができるだろう。

新潟大学教職大学院

教授　**古田島　恵津子**

第 *4* 章

発達障害通級指導教室における事例

読み書き，計算等に困難のある子供への取組 (Bear Room) ①
音読に苦手意識がある

指導前

小学校2年生のAさんは，拾い読みで音読に時間が掛かり，文を読むことを嫌がっていました。

当教室で発達検査を行い，「言語理解」に優位性があることが分かりました。また，保護者との面談や当教室での行動観察から，「家庭ではよく話す」「見たり体験したりしたことをよく覚えている」などが分かりました。

これらのことから，「生活と関連付けた言葉のやり取りを取り入れた活動」を行うことが，Aさんの学び方として合っていると考えました。

学習活動

① 単語カードを用いた音韻課題（カードしりとり）
・単語カードを一枚ずつ声に出して読む。
・単語カードをしりとりになるように並べる。

単語カード

② イラストを活用した音読課題
・イラストについて，その文脈や背景などを想像しながら会話する。
・イラストの説明文を音読する。
・想像したことと説明文の内容を比べながら，説明文の内容を確認する。

イラストと説明文

指導後

Aさんは，読むことに対する抵抗感が減り，読む速さが徐々に速くなりました。初見の文でも，指で文字をなぞり，正確に読み取ろうとする姿が見られました。また，家庭では，本に興味が出てきました。

しかし，漢字が多く含まれる文になると，漢字の読み方を思い出せずに止まってしまう姿が見られました。読みに対する意欲が下がらないように，漢字にルビを付ける，必要に応じて読み上げるなどの配慮をしています。

✓ 指導のポイント

○「強み」に対する気付きを促す

　イラストについて会話をする中で，Aさんが想像したことをたくさん話す姿が見られました。そこで，イラストを活用した音読課題では，「Aさんはいろいろなイメージが浮かぶね。」「たくさんお話しできることは，すごいことだよ。」とAさんが得意としていることを丁寧に伝えながら取り組みました。

　Aさんは，褒められたことを自信にし，想像したことを堂々と話して会話を楽しむようになりました。

○「強み」を生かすための学習活動の工夫

① 単語カードを用いた音韻課題（カードしりとり）

　Aさんは，内言語を多くもっていると推測されることから，言葉遊びを取り入れることで文字を読むことに関心がもてると考えました。また，カードの文字を○で囲み，音を視覚的に捉えやすいようにすることで，特殊音節についても学習できると考えました。Aさんは，自ら単語を書いてカードを追加して取り組むようになりました。

② イラストを活用した音読課題

　Aさんは，体験したことをよく覚えていることから，日常生活の場面を示したイラストを提示することでその内容に関心をもち，想像を膨らませながら話すことができると考えました。そして，想像したことと説明文の内容が一致しているかを問うことで，説明文にも関心がもてると考えました。Aさんは，イラストについての会話の後，想像したことが説明文の内容と一致しているのか，進んで文を読むようになりました。さらに，説明文を読んだ後に，その内容を確認することで，読む意欲も高まりました。

○ 学びを支える連携

・読む時間の確保や量の調整

　在籍校では，テストの際に，読む時間を十分に確保しました。また，家庭では，音読練習の量を調整し，Aさんの読むペースで学習することを大切にしました。Aさんは安心して，自分のペースで読み進めるようになりました。

・会話から考えを広げる支援

　在籍校では，読んで考えるだけでなく，ペアやグループで会話をしながら考える機会を多く取り入れました。Aさんは，会話を通して考えを広げることができ，自信をもって発言することが増えていきました。

読み書き，計算等に困難のある子供への取組 (Bear Room) ②

漢字を書くことが難しい

指導前

　小学校3年生のBさんは，思うように文字が整わず，学年が上がるにつれて，画数の多い漢字を書くことがとても難しくなっていました。

　目と手の協応動作につまずきがあり，見て捉える力が全般的に低い一方，授業内容を聞いて理解することは得意でした。また，様々な学習に対して意欲的であり，書くことが上手になりたいという気持ちをもっていました。

　このことから，聴覚情報を手掛かりに漢字を部分的に学ぶことが，Bさんの漢字の学び方として合っていると考えました。

学習活動

①指先をよく見て，指先の巧緻性を高める学習（シール貼り）
　・バランスや位置関係を捉えながらシールを貼る。

シール貼り

②漢字の形の説明を聴きながら，漢字を書く学習
　・漢字の主な一画の形を言葉にして覚える。
　・漢字を見て，覚えた言葉を使った説明を聴きながら，ホワイトボードに書く。

一画の形の言葉

③指で書くことのできるタブレット教材による漢字学習
　・書く負担を軽減して，漢字を覚える。

ゆびドリル　小学生かんじ

指導後

　Bさんは，ノートやテストの解答欄の枠を意識しながら文字を書くようになりました。また，タブレット教材での漢字学習に積極的に取り組み，書ける漢字が増えました。

　しかし，学習活動全般にわたり不器用さが取組の妨げになることが多く，個別の支援は必要です。また，学習内容が理解できているかを確認するためには，筆記だけの評価にならないよう，取組の様子を観察する必要があります。

✓ 指導のポイント

○「強み」に対する気付きを促す

　Bさんは，漢字のなぞり書きや，形を見ながらゆっくり書く課題に対して，「難しくて大変だから嫌い」といつも消極的でした。そこで，苦労している思いを十分に受け止めた上で，漢字の形の説明を部分的に聴きながらホワイトボードに書く課題に取り組みました。Bさんは，書いた後に，「正しく書けたか確認してほしい。」と言いながら，積極的に取り組むことができました。Bさんは，形の説明を聴くと正しく書けることを実感し，自分は聴いて学習することが得意であることに気付いたと考えます。

　Bさんは漢字を学習する際に，自分で漢字の形を言いながら書くようになりました。

○「強み」を生かすための学習活動の工夫

①指先をよく見て，指先の巧緻性を高める学習（シール貼り）

　Bさんは，鉛筆を持つことに苦労していたことから，鉛筆ではなくシールを使うことで，空間を見て捉えることに集中できると考えました。難易度の調整をしながら取り組むことで，Bさんは，苦手な見る課題であっても，少しずつ難しいものに自分から挑戦するようになりました。そして，空間を意識して貼ることができました。

②漢字の一画の形を聴きながら書く漢字学習

　Bさんは，聴覚からの情報処理が得意であることから，漢字の形を部分的に言葉にすることが，漢字を書く際に役立つと考えました。「たてはね」「よこぼう」など漢字の一画を言葉にし，唱えながら大きく書くようにしました。Bさんは，腕を動かしながら楽しく漢字を覚えることができました。言葉から形を把握して漢字が書けるようになると，画数が多い漢字も，書けるようになっていきました。

○ 学びを支える連携

・タブレット教材の活用や在籍校の授業における配慮

　家庭では，タブレット教材による漢字練習と，デイジー教科書を用いた教科書内容の予習に取り組みました。在籍校では，板書内容をノートに精選して書くようにしたところ，聴くことに集中できるようになり，発問に数多く答えながら学習ができるようになってきました。

・テストに関する配慮

　在籍校では，漢字テストの書く問題数を減らしたものから始め，徐々に問題数を増やしたり，書きやすいようにテストの解答欄を大きく拡大したりしました。Bさんは，テストに向けた漢字の学習に意欲的に取り組むようになりました。

読み書き，計算等に困難のある子供への取組 (Bear Room) ③

漢字を覚えられない

指導前

　小学校4年生のCさんは，漢字を覚えようと勉強しますが，なかなか覚えられず学習意欲が低下していました。

　当教室で発達検査や視知覚にかかわる検査を行い，「知覚推理」に優位性があることが分かりました。また，当教室での取組の様子から，「視覚情報を何かに捉えてイメージすることが得意」「書くこと自体に抵抗感がない」「自分の思いを作文にできる」などが分かりました。

　このことから，「見たものをイメージして何かに例えながら楽しく覚える学習」を行うことが，Cさんの学び方として合っていると考えました。

学習活動

①左側にある形と同じ形を右側のマスに書き写す（点つなぎ）
・点と点をつないだものを見て，何に見えるかイメージする。
・形を覚えて書き写す。

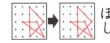

見えたものを例える点つなぎ

②部首ごとに色分けした漢字を見て書く
・色分けした漢字を見て，部首の位置を確認しながら書く。
・漢字の「へん」や「つくり」などを覚えやすいものに例える。

部首ごとに色分けした漢字

漢字を例えながら覚える

指導後

　Cさんは，漢字の「へん」や「つくり」などを自分の覚えやすいものに例えることで，漢字を覚えることができ，次第に漢字を学習する意欲が高まっていきました。

　今後，学年が上がるにつれて画数の多い漢字が増え，学習への意欲が下がることが考えられます。書くことに抵抗感をもたないよう，Cさんの自分の思いを作文にできる力を生かすため，感想文を書くなどの学習場面であれば，平仮名で書くことを認めたり，電子辞書などで検索できる配慮をしたりすることが必要です。

✓ 指導のポイント

〇子供に，自分の「強み」に対する気付きを促す

　Cさんは，見たものをイメージして何かに例えることを楽しんでいました。Cさんが例えたものに，「そうだね，見えるね。」と共感しながら取り組みました。漢字の学習でも，「へん」や「つくり」などを見て，「〇〇のように見える。」などと楽しそうに話していました。楽しみながら学習に取り組むCさんは，自分の強みを生かして漢字を覚えていることに気付き，漢字を覚える意欲が高まりました。

〇「強み」を生かした学習活動の工夫
①左側にある形と同じ形を右側のマスに書き写す（点つなぎ）

　Cさんは，視覚情報を自分のイメージしたものに例えることが得意でした。この力を生かそうと，マスに同じ形を覚えて書き写したものを見て，何かに例えることができると考えました。Cさんが例えたものに共感することで，形を捉えていく楽しさを感じることができました。

②部首ごとに色分けした漢字を見て書く

　Cさんは漢字の形を捉えることに困難がありました。そこで，漢字の「へん」や「つくり」などを2，3色に色分けしたものを見て書くことで，漢字の形を捉えて正確な位置に書くことができると考えました。さらに，書いた漢字の「へん」や「つくり」などを見て，何かに例えることで漢字が覚えやすくなると考えました。Cさんは，部首である「しんにょう」は，平仮名の「え」とするなど，自分からイメージしやすいものに例えながら覚えていくことができるようになりました。そして，色分けされた「へん」や「つくり」などの位置を確認しながら漢字を正確に捉えられるようになっていきました。

〇 学びを支える連携
・在籍校や家庭で漢字ドリルに取り組む際の配慮

　Cさんは，漢字を学習する意欲が低下していたため，在籍校や家庭での漢字ドリルの取組が遅れていました。そこで，当教室の学習と同様に，漢字ドリルの漢字の「へん」や「つくり」などをペンで色分けし，位置を確認しながら学習できるようにしました。こうしたことで，Cさんは，漢字の学習に意欲をもち，漢字ドリルの宿題に進んで取り組むようになりました。

読み書き，計算等に困難のある子供への取組 (Bear Room) ④
考えや思いが文にならない

指導前

小学校5年生のDさんは，書字に困難があります。文を書く経験が乏しく，作文する場面では唸ったまま一文字も書けないこともありました。気持ちを表現する言葉が思い浮かばないために，考えや思いを話すことも苦手でした。

発達検査や行動観察から，「思考力や発想力が高い」「興味のある事柄については，知識が豊富」などが分かりました。

これらのことから，Dさんの考えや思いを引き出しながら「物事を関連付けて文にする活動」がDさんの学び方として合っていると捉えました。

学習活動

①文を作る経験を増やす活動
・シルエットカードと動詞や形容詞の単語表を組み合わせて，文を作る。
・日常生活の中の具体的な出来事や興味のある事柄を文にする。

シルエットカードと単語表

②物語作り
・興味のある事柄について，知っていることや調べたことを話す。
・話したことから発想を広げて，物語を作る。
・タイピング＊で物語を入力する。
　＊ポメラ（キングジムが製造販売するデジタルメモ）を使用

ポメラ

指導後

Dさんは，「説明や興味のあることを文にすることは楽しい」と言うようになり，考えや思いを伝えたり文に書いたりできるようになってきました。また，物語を作る活動を繰り返し行うことで，書きながら取り組むよりも，タイピングの方が文を考えることに集中できることが分かってきました。そして，在籍校や家庭では，学習内容に合わせて自分からポメラを活用して学習するようになりました。

✓ 指導のポイント

○「強み」に対する気付きを促す

　　Dさんは，興味のある事柄について話し，その魅力や知っていることを伝えていました。そこで，話をホワイトボードにメモし，Dさんの考えや思いを言葉で書き表すようにしました。Dさんは，思ったことが文の材料になることや，周囲に具体的に伝えられることの良さに気付き，進んで話すようになりました。また，文をつくる活動では，例文の提示があることで，それを手掛かりに文を書けることに気付いていきました。

　　Dさんは，「手掛かりがあると，思ったことを文にできる。」と言うようになり，前向きに文を作る活動に取り組むようになりました。

○「強み」を生かすための学習活動の工夫
①文を作る経験を増やす活動

　　Dさんは，思考力や発想力が高いことから，動物や道具などがシルエットで描かれたカードを提示することで，楽しく文作りをすることができると考えました。Dさんは，一つのカードから考えられる言葉を複数上げ，数多くの文を作ることができました。

②物語作り

　　Dさんは，興味のある事柄についての知識が豊富なことから，それらを題材にした物語作りをすることで，文作りへの関心が高まると考えました。また，ローマ字を覚えていることから，ポメラを用いることで，書字の負担を軽減できると考えました。Dさんは物語作りに興味をもち，長編を書き上げることができるようになりました。そして，プリントアウトした物語文を家族や在籍校の担任に読んでもらうことが楽しみになりました。

○ 学びを支える連携
・文を作る機会を増やす

　　在籍校では，毎週末にミニ作文を宿題に取り入れてきました。担任は，Dさんが提出したミニ作文に「詳細をもっと知りたい」や「次回も楽しみにしている」などの感想を書いて返却してきたところ，徐々に書く文量が増え，充実した内容で書けるようになりました。

・ポメラの活用の広がり

　　授業の中で，タイピングで作文に取り組めるように，ポメラの活用について在籍校と相談したことで，すぐにポメラを使う環境を整えることができました。また，授業で入力したデータを家庭や当教室で活用し，学習の続きを行えるようにしました。

読み書き，計算等に困難のある子供への取組（Bear Room）⑤

図形問題に苦手意識がある

指導前

小学校6年生のEさんは，算数の体積の問題で立体図形の辺の長さや位置関係がよく分からないと困っていました。

視知覚に関わる検査では，視覚認知（空間や位置を捉えること）に弱さがあることが分かり，それが苦手意識の背景にあると捉えました。当教室での取組を観察すると，頭の中で視覚情報のイメージのしづらさを感じていたため，見方を一つ一つ確認することで形を捉えられることが分かりました。

これらのことから，「図形の見方を継次的に捉える活動」を行うことが，Eさんの学び方として合っていると捉えました。

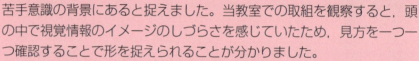

学習活動

①左側にある形と同じ形を右側のマスに書き写す（点つなぎ）
・左側の見本を見て，一方向に向かって点の数を数えられる始点を決めてから見比べ，位置関係を捉えて書く。

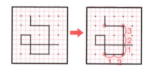
点つなぎ

②方眼紙枠に書かれた立体図形を視写する
・書き方の手順に沿って書く。

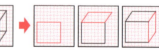
立体図形の視写課題

指導後

Eさんは，立体図形を見るときに，ある面や点などを基準として見ると位置関係を捉えやすくなるということが分かるようになりました。また，立体図形の体積を求める問題では，どの辺が縦，横，高さであるのか，自分で捉えられるようになったことで，立式する際に戸惑うことが少なくなってきています。

しかし，複合図形では，形が複雑であるため，どの辺が縦，横，高さであるかを捉えることに難しさがあります。図形の特徴や見方を順序立てて伝えたり，図形の具体物を実際に操作したりするなど，形を捉えやすくするための配慮が必要です。

✓ 指導のポイント

○「強み」に対する気付きを促す

　点や形などの位置関係を捉えて書き写す学習において，Eさんにその都度，どのようにして書き写していたかを聞き，立体図形の見方を確認しました。Eさんが正確に書き写したときの取組の様子から「まずどこを見るかを決めていたこと」「基準となる位置から一つ一つ数えて位置関係を確認していたこと」を伝えました。すると，Eさんは，継次的な見方で点や形などの位置関係が捉えやすいことを生かし，自分から手順を決めて，順序立てて書き写すことができるようになっていきました。

○「強み」を生かした学習活動の工夫
①左側にある形と同じ形を右側のマスに書き写す（点つなぎ）
　どこから見たり，書いたりしていいのか分からず何度も左右のマスを見比べる様子が見られました。そこで，点の位置関係を捉えて書くことができるように，始点に印を付け，その点から一方向に向かって点の数を1, 2, 3…と数えるようにしました。Eさんは，徐々に左右のマスを見比べる回数が減り，点の位置を正確に捉えて書き写すことができるようになりました。
②方眼紙枠に書かれた立体図形を視写する
　Eさんは，形を捉えられないまま書き始めていたため，視写の途中で面の大きさや辺の長さが分からなくなっていました。そこで，立体図形の面の大きさや辺の長さを捉えることができるように，面を一つずつ見る継次的な見方で確認しました。すると，Eさんは，面の大きさや辺の長さを捉え正確に視写できるようになっていきました。

○ 学びを支える連携
・三者でできるようになったことを認める

　在籍校の担任と保護者は，連絡ファイルにEさんの頑張りを認めるコメントを記入しました。Eさんは，コメントを読み，「嬉しいです。」「難しいものでも頑張りたい。」と話していました。他者から認めてもらえる機会を設定したことで，取組に自信をもち，進んで学習に取り組むようになりました。

人とのかかわりに困難のある子供への取組（Together Room）①

友達に合わせて行動することが難しい

指導前

小学生（1～3年）グループの子供たちは，友達のペースに合わせて行動することが難しい様子が見られました。例えば，協力が必要な活動で，周囲の状況を捉えられず，自分中心の言動が目立ってしまう様子です。そこで，友達とペースを合わせながら，楽しく取り組める活動を考えました。

活動の流れ

『バランスボールを運ぼう』～運び方を相談して取り組むゲーム～
①運ぶ際のルール（手を使わない，バランスボールを床に付けない）を確認する。
②教師の手本を見る。
③友達と運び方を相談して取り組む。
　※お腹，背中など難度を上げていく。
④活動を振り返る。

指導後

　子供たちは，友達とペースを合わせるために，互いに声を掛け合うようになりました。ゴールまで落とさずに運ぶことができると，喜び合うようになりました。また，運び方の難度が上がると，状況に合わせて声を掛け合うようになり，運ぶための方法を進んで話し合うことができるようになりました。
　しかし，気持ちが高ぶるような場面では，周りが見えなくなり自分のペースで行動してしまうことがあります。そのようなときは，周囲の状況に対して，自分自身の行動がどうだったかを大人と一緒に振り返り，考えていく場が必要だと考えます。子供の気持ちをくみ取りながら，具体的にどうすれば良いかを伝えていくことが必要です。

✓ 指導のポイント

○ 活動のねらい
・バランスボールをゴールまで運ぶために、友達のペースに合わせる。
・バランスボールの運び方を友達に分かりやすく伝える。

○ 人とかかわる自信や意欲を高める工夫

・**友達と運ぶ方法を考える場面を設定する**

　活動の始めは「（バランスボールを）ちゃんと押さえて」「早く，早く（運んで）」という自分中心の言動が目立っていました。そのため，運んでいるときにバランスボールが落ちたり，ゴールが近くなると急にスピードが上がったりする様子が見られました。そこで，バランスボールを落とさずに運ぶポイントは，友達とペースを合わせることだと伝えました。さらに，子供にどうすればペースを合わせて運べるかを考えるように促しました。すると，互いに言葉を掛け合わなければならないと気付いたようで，運んでいる状況に合わせて，子供から「いち，に，いち，に‥‥。」「もう少しゆっくり。」などと，声を掛け合う姿が見られるようになりました。このような友達とのかかわりを捉え，活動中の友達とペースを合わせる言葉を拾って称賛するようにしました。活動を繰り返していくうちに，子供は友達とペースを合わせてゴールまで運ぶことができると，「うまくいったね。」などと，二人で喜び合う姿が見られるようになりました。

・**課題の難度を上げる**

　「バランスボールを運ぼう」の活動は，互いのお腹でバランスボールを挟んで運ぶだけでなく，背中で挟む運び方へと難度を上げていきました。運び方が難しくなり，バランスボールを落としてしまう様子が見られました。試行錯誤する中で，友達とペースを合わせようとする姿を捉え，励ましの言葉とペースを分かりやすく伝えようとしていることを伝えました。すると，子供は，「立ち位置を変えてみよう。」「止まって。（体勢を整える）」などと状況に応じて声を掛け合いながら運び方を工夫するようになりました。このように，運ぶ課題を徐々に難しくすることで，子供たちは友達とペースを合わせて運ぶ方法を進んで話し合うようになりました。

人とのかかわりに困難のある子供への取組 (Together Room) ②
自分の気持ちを表現することが苦手

指導前

小学生（4～6年）グループの子供たちは，自分の意見を友達に伝えたい気持ちはあるが，どう伝えたら良いのか分からない，友達に聞いてもらえるか不安があるなど，自分の意見や感想を発表することに自信をもてずにいました。

そこで，自分の意見や感想を伝えたり，友達の考えを聞いたりしながらできるような楽しい活動を考えました。

活動の流れ

『船長さんの命令ゲーム』〜命令をよく聞き，身体表現するゲーム〜
①命令内容とルールを確認する。
②船長役と聞き役に分かれる。
③船長さんの命令ゲームをする。
④活動を振り返る。

＜ルール＞
・船長役は，黒板に掲示された命令内容から選んで，「船長さんの命令で立ちます」などと命令を出す。
　（例．「回ります」「ジャンプします」など）
・聞き役は，「船長さんの命令で」で始まる命令だけに従い，それ以外の命令には従わないようにする。（×「村長さんの命令で」）

指導後

子供たちは，自分の出した命令を聞き役の友達に応えてもらえる（聞いてもらえる）経験を重ねたことで，少しずつ自信がもてるようになりました。そして，命令の出し方を工夫し，次はこうやって伝えてみようと活動を楽しむ姿が出てきました。これは，自分が伝えたいことを，友達が聞いてくれる安心感があったからだと考えます。

自分の気持ちを表現できるようになるためには，まず小集団から始め，少しずつ大きな集団に変化させていきます。そして，子供が自分の伝えたいことを友達に聞いてもらえる雰囲気の中で，伝わる楽しさや喜びを実感していくことが大切です。

✓ 指導のポイント

○ 活動のねらい
- 聞き役は，船長役の友達に注目して，命令の内容を聞く。
- 船長役は，命令内容を選び，自信をもって伝える。
- 自分が伝えたことに，友達が応えてくれる（聞いてくれる）経験を積む。

○ 人とかかわる自信や意欲を高める工夫

・船長役の命令を聞く雰囲気をつくる

　子供は自分が伝えたいことを友達が聞いてくれるか，不安や心配を抱えていました。そこで，活動を通して自分が伝えたいことに，友達が応えてくれる（聞いてくれる）雰囲気をつくることを大切にしました。

　船長役は，掲示された命令の内容から自分の伝えたい命令を選んで友達に伝えました。そして，聞き役は，次はどんな命令が出るのだろうと船長役に注目して命令を聞きました。このように役割が明確になることで，船長役は，自分の伝えたことに友達が応えてくれる（聞いてくれる）安心感を味わう経験を積んでいきました。子供は船長役が楽しくなり，自信をもって命令を伝える姿が徐々に増えていきました。

・友達の思いを共有する場をつくる

　船長役を交代するときに，船長役と聞き役のゲーム中で感じたことを共有しました。聞き役からは，「命令が聞きやすかった。」「話すスピードがちょうど良かった。」などが挙がり，船長役の分かりやすい伝え方に注目できるようにしました。友達の感じたことを聞いた船長役は，自分の伝え方が友達に認められたことを喜んでいる様子が見られました。初めは，他者からどう思われているか，失敗に対する不安が大きかったのですが，友達の思いを共有したことで，自分を表現することに自信をもつ様子が見られるようになっていきました。

第4章　発達障害通級指導教室における事例

人とのかかわりに困難のある子供への取組 (Together Room) ③
友達と最後まで活動を楽しめない

指導前

小学生（4～6年）グループの子供たちは，友達とのかかわりの中で自分の意見を通そうとし，友達のアドバイスを聞き入れることができませんでした。そのため，友達と最後まで活動を楽しむことができずに，「どうせぼくがやってもうまくいかない。」などと，消極的な気持ちを抱えていました。

そこで，グループの活動では，友達同士で認め合える雰囲気を大切にした活動を取り入れることで，友達とかかわる良さや楽しさを感じることができると考えました。

活動の流れ

『ジャンボジェンガ』～みんなでブロックを高く積み上げるゲーム～

①ジェンガのルールを確認する。
②積み上げる目標を決める。
（開始時は18段）
③順番を決めてゲームをする。
④ブロックが倒れてしまったときは，目標を再考してゲームを再開する。
⑤活動を振り返る。

発泡スチロールで作ったジャンボジェンガ

指導後

子供たちは，ドキドキ感を味わいながらブロックが積み上がっていくのをみんなで喜び，倒れたときはみんなで「あー。」と声を上げて残念がるようになりました。そして，徐々に声を掛け合うようになりました。自分の意見が受け入れてもらえるように伝えたり，友達にアドバイスを求めたりしながら，友達と最後までゲームを楽しむ経験を積むことができました。活動を通して，人とかかわる良さや楽しさを実感し，進んでかかわろうとする姿を引き出せたと考えます。

友達とかかわる良さを実感するためには，みんなで楽しめる活動に取り組みながら，友達とのかかわり方を学ぶことが有効です。子供同士が安心して話せる雰囲気の中で，認め合える関係をつくっていくことが大切です。

指導のポイント

○ 活動のねらい
・ゲームを楽しみながら，自分の意見を伝えたり，友達のアドバイスを聞いたりする。
・みんなで決めた目標に向かって，友達と協力する。

○ 人とかかわる自信や意欲を高める工夫

・**みんなでドキドキ感を味わいながらゲームを楽しむ**

　ジェンガは，ルールが分かりやすく，ドキドキ感を味わいながらみんなで楽しむことのできるゲームです。

　ゲームの始めは，自分の順番でないときは，友達がブロックを取ることにあまり関心を示していませんでした。そこで，積み上げた段数やドキドキ感を子供に伝えたり，ブロックを取る友達の姿に注目できるように働き掛けたりしました。すると，友達がブロックを抜き取るところに注目し，徐々に声を掛け合う様子が見られるようになりました。

　ゲームの途中では，ブロックが高くなるのを教師も子供と一緒に喜び，活動を盛り上げました。そうすることで，子供同士で「頑張って。」「大丈夫だよ。」などの応援や励ましの言葉を掛け合いながら，協力して取り組む姿が見られるようになりました。無事にブロックが積まれると，自然と「セーフ！」の声が上がり，一体感が生まれました。

　また，ゲームを再開する前に目標を再考する場面を設定したことで，子供たちは，「もう一回 22 段にしようよ。」「次は，もう少し高くしよう。」と，やってみて感じたことを話し，次もみんなで一緒に楽しもうとする姿が見られるようになりました。

・**アドバイスしやすい雰囲気をつくる**

　自分の意見を通そうとしたり，友達のアドバイスを聞き入れることができなかったりすることから，どのブロックを抜き取ろうか迷っている様子が見られたときに，「友達に聞いてみたら？」と促し，友達に対してアドバイスしやすい雰囲気をつくりました。

　時に「そこは危ないから，違うところが良いと思うよ。」など，優しい口調で話す姿が見られたので，その姿を捉えて称賛していきました。すると，伝え方を考えて話すようになり，友達から「ありがとう」と言われて自分の意見が友達に受け入れられる経験をすることができました。次第に「この場所が良いかな。」などと，自分から友達にアドバイスを求める姿も見られるようになりました。

人とのかかわりに困難のある子供への取組 (Together Room) ④
気が散りやすく集団活動が苦手

指導前

中学生男子グループの子供たちは，気が散りやすく，周囲の動きに気付かないことや，話を聞き漏らして何をしたら良いのか分からなくなってしまうことがあります。また，忘れ物が多く，行動が周囲よりも遅れてしまうことがあり，集団行動が苦手です。
一方で，集中するとささいなことにも気付くなど，違いを見分けることが得意だったり，鋭い着眼点をもっていたりします。
そこで，集団の中でも集中して取り組むことができ，認められる経験ができる活動を考えました。

活動の流れ

『アハ体験』～画像の変化を探す活動～
①ルールを確認する。
②徐々に形，色，数などが変化する画像を見る。
③画像の変化を発表する。
④答え合わせをし，
　感想を言い合う。

＜ルール＞
・発表時まで，答えは言わない。
・答えと関係のないことは，言って良い。

指導後

子供たちは，画像の変化を見付けようと，一斉に画面に注目するようになりました。そして，変化の内容や変化に気付くまでの経緯などを発表し合う場面では，「良く見付けたね。」「そこか！さすがだね。」など，互いを認める言葉が交わされました。発表したことがみんなに認められたことで集団の活動を楽しむことができ，見る場面でも聞く場面でも活動に集中して取り組むことができました。変化を見付けても見付けられなくても，最後は「あーそういうことね。」と，みんなですっきりした感覚を共有することもできました。
集団活動では集中しづらい状況が多々あるため，個別に確認することが必要です。また，集中しやすくなるための工夫を本人と一緒に考えたり，うまく取り組めたことを認められたりしていくことが大切です。多感な時期である中学生には，前向きな考え方や複数の見方を伝えながら，柔軟に接していくことが大切です。

✓ 指導のポイント

○ 活動のねらい
・ルールを守りながら，提示された画像を集中して見る。
・気付いたことを，相手に伝わるように説明する。

○ 人とかかわる自信や意欲を高める工夫

・「ルール」の設定
　　子供たちは，少しでもおっくうに感じると「ついつい」「後で大丈夫」などの捉えで行動することが多いことから，簡単に守れそうだと感じるルールを明確に示すことが大事だと考えました。変化を見付けても，画像が変化し終えるまで，答えとなる事柄を言わずに留めておくことを約束し，同時に，「あー，あそこかな。」「ふ〜ん。」など，答えと関係のない言葉は言って良いことにしました。

　　このように，OK と NG の境目を伝えながら守るべき行動を定めることで，子供たちはルールを正しく理解し，ほどよい緊張感の中，互いに集中しながら活動を楽しむことができました。

・徐々に変化する画像
　　子供たちは，集中がそれやすいことから，集中すべきことが分かりやすく，好奇心が湧くように，画像の一部の微妙な変化を見付ける活動を設定しました。1問目は，練習として，分かりやすく変化に面白みのあるものを出題しました。2問目以降は，難度を少しずつ上げました。1回見て見付けられなかった場合，全員が望めば，繰り返し見るチャンスをつくりました。

　　このようにすることで，一斉に画面に注目し，終始活動に集中することができました。

・見付けたことを発表する
　　集団の中で認められる経験ができるように，見付けたことを説明する発表場面を設定しました。発表のポイントとして，みんなに分かりやすい言葉で主述を明確に説明すると良いことを，いくつか例を示して伝えました。発表内容が伝わらないときは，子供同士で質問し合ったり，教師が追加すべき情報を補足したりしました。

　　活動を繰り返していく中で，自然と認め合うやり取りがなされました。ポイントをつかんで説明できるようになると，子供同士で「ヒントだけね。」などのやり取りをしながら，活動を楽しむことができるようになっていきました。

人とのかかわりに困難のある子供への取組 (Together Room) ⑤
相手の立場を考えずに話してしまう

指導前

中学生女子グループの子供たちは，話すことが好きです。しかし，一方的に話し続け，相手の話を聞くことを忘れてしまったり，伝わるように話すことが苦手だったりします。そのため，いつの間にか友達と距離ができてしまうことを悩んでいました。

そこで，相手の視点で考えたり，自分と他者では感じ方や受け取り方が異なることに気付いたりできるような活動を考えました。

活動の流れ

『ブロックコピー』〜ブロックの構成を伝える活動〜
① ペアになり，間についたてを立てて座る。
② ルールを確認する。
③ 伝える役（見本となるブロックの構成を言葉だけで説明）と，聴き役（説明を聴いてブロックを組み立てる）を決める。
④ 役割を交代してゲームをする。
⑤ 活動を振り返る。

＜ルール＞
・ゲーム中，質問し合って良いが，「合っている」「違う」は言わない。

指導後

伝える役の子供は，聴き役が組み立てたブロックの形が自分の構成と異なっているのを見て，「難しかった。」と言いつつも，「次はもっと考えながら説明してみる。」と，相手の視点に立とうとしていました。また，聴き役は，自分はどのように説明してもらうと分かりやすいのか，客観的に自分を見つめて，伝える役に言うようになりました。「分かりやすいと思ったけれど，違ったんだね。」など，感じ方には違いがあることに気付き，相手を気遣いながら，気持ち良くやり取りができるようになりました。日々の会話の中で，「今の伝わった？」と相手に確認しながら話す姿や，人の話をよく聴こうとする姿が増えました。

「相手の立場に立って」といった言葉を聞くことがありますが，この言葉が意図することを具体的に伝えることが大事です。また，話すことは好きでも，自分の気持ちを適切な言葉で表現することは苦手であることが多いため，気持ちを丁寧に聞き取ったり言語化したりする取組や支援が必要です。

✓ 指導のポイント

○ 活動のねらい
・相手の視点に立って，伝わるように説明の仕方を考えながら話す。
・相手の意図を考えながら，説明を聴く。
・自分と他者の感じ方や受け取り方の違いに気付く。

○ 人とかかわる自信や意欲を高める工夫

・相手への伝わりやすさや組み立てやすさを意識するための振り返り

　先のことや相手のことを考えて行動する姿が少ないことから，一方的に自分の作りたい構成にするのではなく，相手への伝わりやすさや組み立てやすさに意識を向けることができるように活動を振り返りました。

　伝える役の子供からは，「複雑だと説明が難しいし，聴く側も大変。」「本当は，違う形にしたかったけれど，聴き役が組み立てやすい方がいいよね。」などのつぶやきがあり，相手を意識している様子が見られました。

・聴く際のルール

　相手の立場を意識することが苦手である子供にとって，相手の視点を考える機会や，自分の言葉が相手にどのように伝わっているかを知る体験が必要だと考えました。そこで，ゲーム中に「違う」「合っている」は言わないことを約束し，互いに感じたことや状況を伝え合いながら，伝える役はどう伝えると良いのか考えられるようにしました。

　そうすることで，伝える役は分かりやすく説明しようとし，聴き役は伝える役の言葉をしっかりと聴き取ろうとする姿勢が整いました。「ちょっと待ってね。」「もう一度…。」などの言葉を自然に使うようになり，相手の立場を考えたスムーズなコミュニケーションができるようになりました。

・役を変えて繰り返し取り組む

　伝える役には，相手にとっては左右が逆になることを伝え，聴き役には，「何が，どの向きで，どの場所に」を一つ一つ聴くことがポイントになることを伝えました。役を変えて繰り返し取り組むことで，気持ちや考えが通じ合う体験を重ねました。

　子供たちは，伝え方が異なっていたり，途中で分かりにくいことがあったりしても，最後に同じ構成ができあがることで，伝わる喜びを実感することができました。自分なりに，どう説明したら良いのか，どう聴いたら良いのか，相手の立場になって試行錯誤する経験を通して，気持ち良くやり取りする大切さに気付いていく様子が伺えました。

人とのかかわりに困難のある子供への取組 (Together Room) ⑥
友達とのやり取りにストレスを抱えている

指導前

中学生男子グループの子供たちは，正義感が強く，冗談を含んだやり取りに難しさを感じ，友達とのやり取りにストレスを抱えていました。また，相手のためを思ってとった言動で，相手を不快にさせてしまった経験があるために，友達と良い関係を保てずに悩んでいました。

そこで，話し合いを楽しむ活動を通して，同世代とのやり取りに自信をもてるようにする必要があると考えました。

活動の流れ

『ランキングを当てよう』
〜みんなで相談してランキング表を完成させる活動〜
①提示されたテーマ（お題）を確認する。
②ランキングをみんなで相談して決める。
③答え合わせをする。
④活動を振り返る。

指導後

話し合いの過程で，「確かに，分かる。」「そうか，それもあるね。」など，子供同士で意見を認め合うやり取りがなされました。ランキングの答え合わせでは，みんなで納得したり驚いたりと，共感し合うことができました。

子供たちからは，「何と言うか……話すの，結構楽しかった。」といった感想が聞かれました。「ランキングが合っているか，外れているか。」といった結論ばかりに固執するのではなく，互いの考えを肯定的に受け止め合うやり取りができたと，子供自身も振り返っていました。そして，共通の話題で盛り上がり，話し合いを楽しんだことで，人とかかわることに自信をもてたようでした。

中学生の中には，より良いかかわり方ができるようになっても，今までの人間関係を変えることができずに苦しい思いをする場合も少なくありません。子供の人間関係に対する思いを注意深く捉えながら，子供自身が成長に目を向けられるように働き掛けていくことが大切です。

指導のポイント

○ 活動のねらい
・他者の気持ちに意識を向け、周囲の状況を考えながら予想を立てる。
・自分の意見を伝えたり、他者の意見を聞いてまとめたりする。

○ 人とかかわる自信や意欲を高める工夫

・提示するテーマ（お題）を精選する

　　子供たちは、相手の話題に合わせることが苦手で、楽しみを共有しづらいことから、興味・関心のある共通の話題で、共に盛り上がる経験をすることが大事だと考えました。そこで、全員で今までの経験や体験を生かして予想を立てやすいテーマ（お題）を選びました（例えば、小学生の好きな〇〇ランキング、今人気の髪型ランキング、昨年に起きた話題のニュースランキングなど）。これにより、自分の尺度で判断するのではなく客観的に考えるきっかけを与え、自分の意見も述べやすく、感じたことを共有しやすいと考えました。
　　「自分だったらハンバーガーだけど、小学生は違うな。」などと、子供たちはランキングの対象を意識して考えることができました。

・認め合える雰囲気つくり

　　友達と一緒に盛り上がっても、一方的なやり取りから徐々にストレスを溜めてしまい、最後まで楽しめない場面があることから、友達とのより良いかかわり方に気付く必要があると考えました。そのために、話し合いの中では、子供のつぶやきを拾って「おしゃべり」に近い雰囲気をつくりました。教師も話し合いに加わり、具体的な会話のモデルも示しますが、指示や押し付けにならないようにしました。さらに、他者の気持ちを汲む様子に着目して取り上げるようにしました。
　　子供たちは、自分の意見を相手が話した後にタイミング良く伝えること、相手の気持ちを考えて譲ることを意識しながら、みんなの意見をすり合わせていくことができるようになりました。また、楽しい盛り上がりの雰囲気を崩さないように、「そういう意見もあるね。」と、相手の考えを肯定的に受け止めた発言が多く見られるようになっていきました。

Column 4

医療機関と繋がる，ということ

　仕事で地域の学校にお邪魔することも少なからずありますが，その際，教室内で些細な刺激に反応してしまい，学習に取り組むことが難しそうなお子さんたちを目にすることがあります。また，一度興奮してしまうと，先生方も場を収めることに必死で，とても他のお子さんたちの指導まで手が回らない，といった状況になることも珍しくないようです。そうした状況について，「あの（暴れている）お子さんは医療機関にかかっていますか？」と聞くと，「行ってほしいが保護者になかなか伝えられません」のようなお返事をよく聞きます。確かに，先生が保護者に向かって「お宅のお子さんは暴れて大変だから病院に行ってください」とは言いにくいだろうな，と思います。もし自分が親の立場なら，先生にそんなことを言われたら確実にショックを受けますし，下手すると信頼関係が損なわれる事態になりかねません。かといって，毎日，本来なら多くのことを学ぶべき時間を落ち着いて過ごせず，暴れ，怒られ，大声で泣きわめき，ふてくされ…の繰り返しは本当にもったいないことと思います。そして失ってしまった学びの時間は取り戻せません。

　私は言語聴覚士として，学校で保護者に接する機会もありますが，まだ医療機関にかかっていない方へ勧める場合，「現状でお子さんに生じているデメリット」を具体的にお伝えするようにしています。つまり，自分をコントロールできず，暴れていることは，本人にとっても本当につらいということ，またそのためにどのような損失が出ているか（怒られる，自尊感情も低下する，暴れるからお友達もできない，学ぶべきことが学べない等）も伝えます。その上で，医療機関で医師に相談することのメリット，場合によっては服薬することのメリットも併せてお伝えします。学校は年度単位で先生が替わりますが，医療機関は成長を長期的に見守ることができます。例えば，思春期になって心身ともに不安定になり新たな問題が生じたとしても，小さい頃からのお子さんの発達の様子をみていれば対処法も考えやすいのです。なにより，支える機関が多ければ多いほど，ご本人，ご家族も安心なことは間違いありません。体が大きくなって本人の意志も強くなれば，「イヤ！」というものを無理やり病院に連れて行くのは至難の業です。「病院」「薬」などのキーワードに，多くの保護者が戸惑うのは当然のことですが，そこを上手に誤解のないよう説明し，早くから支援の輪を広げ，環境を整えることも，専門知識をもつ先生方の重要な役割と考えます。

新潟大学教育学部特別支援教育専修

准教授　入山　満恵子

後書き

　昭和52年に開校した当校は，昨年度創立40周年の記念式典，祝賀会を行いました。その中で，児童生徒代表は次のような喜びの言葉を述べました。

「40年間で，この学校にいた生徒たちも，多くのことを学んだと思います。この学校は，私たちにとって，とても素敵な宝物です。」

　学校創立以来，特別支援教育を取り巻く環境は大きく変わりました。特に，最近の10年程はめまぐるしく変化しています。平成19年4月に改正学校教育法が施行され，特殊教育は特別支援教育となりました。平成24年度には，文部科学省から「共生社会の形成に向けたインクルーシブ教育システム構築のための特別支援教育の推進（報告）」が発表され，共生社会に向けた取組が進みました。また，平成28年4月には，いわゆる「障害者差別解消法」が施行され，障害を理由として差別することが禁止されたほか，基礎的環境整備や合理的配慮の提供が求められました。

　このような中，私たちは，特別な支援を必要とする子供の自立や社会参加に向けた主体的な取組を支援するため，一人一人の教育的ニーズに応じて適切な教育を心掛けてきました。私たちは，子供が現在及び将来において，社会の中で自分の力を十分に発揮し，充実感をもち続けて生きること，つまり，主体性をもって自らの目的や要求に応じて自己選択・自己決定しながら進んで社会参加してほしいと願っています。そのために，子供の自立と社会参加を目指し，学校生活全体を通して子供の主体性を育むことを，教育や研究の根幹に据えているのです。

　本書は，平成26年度から5年間取り組んできた研究である「子供が学びを深める姿を目指した授業づくり」をまとめ，発刊したものです。当校の研究実践を通して，学習指導要領で求められている授業づくりの在り方について，特別支援学校の教員だけでなく，他校種の教員にも伝わるよう執筆したつもりです。多くの方から忌憚のないご意見，ご指導をいただきたいと思います。

　本書の発刊に当たり，巻頭言やコラムを執筆してくださった皆様，研究会において貴重なアドバイスをくださった皆様，そして様々な形で当校の研究に対してご協力いただいたすべての皆様に，感謝申し上げます。

　私たちは，歩みを止めることなく一歩一歩前進していきます。そして，当校で学ぶすべての児童生徒が，「素敵な宝物」と言える学校を，これからもつくっていきたいと思います。

新潟大学教育学部附属特別支援学校

副校長　　**関原　一成**

執筆者一覧

監 修
長 澤　正 樹　（前新潟大学教育学部附属特別支援学校長・新潟大学教職大学院教授）
高 木　幸 子　（新潟大学教育学部附属特別支援学校長・新潟大学教職大学院教授）

巻頭言
丹 野　哲 也　（東京都教育庁指導部特別支援教育指導課長）

新潟大学教育学部附属特別支援学校特別支援教育研究会
新潟大学教育学部附属特別支援学校

関 原　一 成	樋 口　　尚	朝 妻　裕 祐
神 田　裕 子	鈴 木　貴 仁	富 張　英 樹
小 田　理 絵	古田島　郁 美	高 橋　　悟
唐 沢　百合花	佐 藤　素 之	久保田　　望
大 滝　西一郎	齋 藤　文 一	清 野　健 男
富 山　千 恵	中 川　陽 介	守 谷　紀代子
神 田　智 美	土 屋　賢 一	横 田　大 輔
小 山　哲 也	井 上　なつみ	田 辺　俊 勝
荒 木　美 穂	本 間　　学	谷内田　　繁
渡 辺　靖 子	佐々木　泰 子	

研究同人（平成26年度〜29年度）（50音順）

安 藤　淑 美	伊 藤　かおり	伊 藤　宏 之
今 井　聡 己	臼 井　智 洋	大 竹　嘉 則
大 谷　　誠	岡 田　義 則	狩 野　沙由未
久 住　和 彦	倉 田　彩 子	小 林　奈 穂
駒 形　未 依	酒 井　慎一郎	嶋 見　真理子
武 石　春 花	田 中　健太郎	徳 重　朱 音
中 川　麻 子	中 野　久 美	廣 川　豊 士
古 川　　優	水 谷　　武	山 本　美 紀
横 堀　壮 昭	泉 井　玲 子	渡 邉　理 美
渡 部　久美子		

コラム執筆者
Column1　有 川　宏 幸　（新潟大学教育学部特別支援教育専修教授）
Column2　渡 邉　流理也　（新潟大学教育学部特別支援教育専修准教授）
Column3　古田島　恵津子　（新潟大学教職大学院教授）
Column4　入 山　満恵子　（新潟大学教育学部特別支援教育専修准教授）

子供が学びを深める授業

新学習指導要領で目指す授業づくりと
発達障害通級指導の実践事例

2018年11月15日　初版第1刷発行

■監　　修　　長澤　正樹　　高木　幸子
■編　　著　　新潟大学教育学部附属特別支援学校特別支援教育研究会
■発 行 人　　加藤　勝博
■発 行 所　　株式会社　ジアース教育新社

〒101-0054
東京都千代田区神田錦町1-23 宗保第2ビル
Ｔｅｌ：03-5282-7183
Ｆａx：03-5282-7892
E-mail：info@kyoikushinsha.co.jp
URL：http//www.kyoikushinsha.co.jp/

デザイン　　　　株式会社彩流工房　　　　　　　　　　Printed in Japan
編集協力　　　　粟田　佳織
イラスト　　　　岡村　治栄
表紙イラスト　　大森　真奈
印刷・製本　　　三美印刷株式会社

○定価は表紙に表示してあります。
○落丁本・乱丁本はお取替えいたします。
　ISBN978-4-86371-480-9